你可以討厭父母！

嫌いな親との離れ方

Meet freedom to live yourself.

6堂修復自我練習課

遠離以愛為名的情緒勒索

從此只為自己

和互相珍視的人而活

川島崇照 著

呂盈璇 譯

如果你正因為與父母親之間的關係而感到痛苦……

那很可能是因為，**你的父母正在剝奪屬於你的人生。**

人生的主控權一旦遭到剝奪，

就只能對父母所言唯命是從。

面對不喜歡的事情，卻無法開口說出「討厭」。

明明發自內心感到厭惡，卻還是必須勉強自己聽從。

這麼一來，你等同於活在父母所設想的人生當中。

這時最重要的是——**下定決心改變，踏出屬於自己的人生的第一步。**

當你做出改變，脫離父母親的控制後，
便能冷靜地做出判斷，
清楚分辨自己真正需要的、不需要的東西。

從此明白哪一條路是**讓自己幸福快樂的最短捷徑。**
過去所有被父母親反對的事，
如今終於能夠逐步付諸實現。
「與心愛的人結婚」、「和喜歡的人談戀愛」、
「做嚮往的工作」、「自由地享受獨居生活」、
「隨心所欲地度過假日」、「擁有屬於自己的時間」……
從今以後，自由自在的人生正等著你。

前言

我的父母都有著心理情結問題。

經常情緒失控，無時無刻都會突然爆發的母親，動不動就會對我說些「就憑你怎麼可能辦得到？」，或者「一切都是你的錯！」之類的話。

父親則是對孩子漠不關心，在我的成長過程中，幾乎沒有什麼與父親之間的回憶。

可想而知，當母親對我惡言相向時，父親也不可能出面保護我。

我記憶裡的父親，似乎總是嫌我礙事，不太想理會我。

身處在一個充斥著謾罵聲、家人之間爭執不斷，每天被迫聽著那些抱怨跟閒言閒語的家庭之中，根本不可能培養出自信與對他人的信任感。

回想我的童年，絲毫沒有笑容存在。

在這樣的環境之下，我成為一個既不擅長表達自己的主張，又欠缺自信的孩子。總是過度在意對方的反應，深怕別人不喜歡我，每天都過著唯唯諾諾、提心吊膽的日子。

我總是認為「父母不會認同我」、「父母根本不信任我」。

我覺得那個不被愛的自己個性乖戾、愚蠢，沒有任何的存在價值。

曾經，我以為無法愛著自己的父母是因為我的心理有問題，是件不正常的事。

同時我也覺得「這件事沒辦法跟任何人商量」。

我開始接觸心理學，是在出社會工作之後。

從小到大都為親子關係感到苦惱的我，抱著是時候該改變自己的想法，在朋友的介紹下，參加了一場心理學讀書會，而這也成為了我發願助人解決親子關係困境的契機。

在這場讀書會上，我意識到**「討厭自己的父母也沒有關係」**。

由於這個想法對我而言實在太過震撼，我的腦袋彷彿陷入一陣天旋地轉。

我終於能夠卸下長年背負的沈重包袱。就真正的意義上來說，這正是我重啟人生的時刻。

自此之後，想為跟我一樣在親子、家人關係裡受苦的人們給予幫助的想法，逐漸在我心裡萌芽。

而這也成為了我踏上諮商心理師之路的契機。

現在的我從事親子關係諮商工作，而最令我感到欣慰的，莫過於看到許多人終於能對自己的父母確實設下情緒界限，奪回人生的主控權，重拾生活的動力。

親愛的朋友，請別再自己一個人煩惱了。

你是否對踏出改變的第一步感到害怕呢？

長久以來心靈受到禁錮的你，或許會因為對父母的恐懼或內疚而遲遲無法採取行動。

但是，請別擔心！

在本書中，我不僅會分享自己是如何跨越從小到大經歷的苦難，還會剖析造成孩子心靈受創的父母們的特殊心理，並且提供應對技巧來幫助你度過難關。

我衷心期盼所有人都能夠擁有自由自在的人生。

現在，輪到你做出決定了。

就讓親子關係的痛苦到此為止，活出屬於自己的人生吧！

準備好迎接新的生活了嗎？

Contents

第2章 控制狂父母的心理

本書使用方式

本書由六個章節構成。

在第1章中，我會透過一份量表，讓在親子關係中感到痛苦的你能從客觀角度評估自己受到父母控制的程度，同時說明「界線」的概念，幫助你在未來不再受到控制狂父母掌控。

第2章將深入剖析不斷控制子女人生的父母的特殊心理。透過解說，你將明白控制狂父母所做出的那些令人費解的行為背後的動機，了解父母為何會想要傷害、控制或是依賴子女。

第3章會介紹一些觀念與實用的技巧，幫助心裡對於「遠離父母」有所排斥的人擺脫罪惡感，並釐清那些阻礙你、讓你誤以為自己「辦不到」的種種錯誤觀念。

第4章將與各位分享五位成年子女在逃離痛苦的親子關係後，活出屬於自己的人生的成功案例。

第5章我們將具體探討如何與父母保持適當的安全距離，以及在與控制狂父母相處時必須做好的心理準備及注意事項。

最後，第6章會提供各位面對從今以後的生活的心靈方針。告訴身為子女的你，在與父母保持適當距離之後，該如何積極面對人生，活出真正的自己。

衷心期盼每位讀者都能藉由本書，抓住開啟幸福人生的契機。

1

對於「親子關係」感到苦惱的人絕對不只有你

不再需要一個人煩惱了。到目前為止，已經有很多人掌握正確知識，成功地與父母保持適當的距離。你絕對不是孤單一人！跟我一起，踏出從父母手中奪回人生的第一步吧！
即使是不曾意識到自己受到父母控制的人，可能也會訝異於自己實際上正被掌控著。

成年之後
仍受親子關係所苦的人們

以下所言並非虛構，
而是實際發生的真實故事。

被恐懼支配，過著奴隸般的人生

即使已經長大成人，卻還是害怕父母會反對或說三道四，於是壓抑自己的需求，強迫自己順從，做自己不想做的事。

許多人都過著這種有如父母的奴隸般的人生。這種凡事皆以父母意見為先，無法違抗命令的人，往往對父母懷有強烈的恐懼感。

這種父母會逮住子女的弱點，把子女拴在身邊管控、限制子女的言行，甚至會對子女的弱點發動攻擊。

隨著年齡增長，人會越來越難以壓抑內在的情緒跟衝動，因此問題父母只會越來越任性妄為。

年邁的父母會用自己對待手足的方式與子女相處，碰到與自己想法相斥的情況時便會出言批評，事情不順己意就怪到子女頭上，不斷地灌輸恐懼跟罪惡感到子女身上。

金錢遭到剝削，過著始終無法存錢的人生

另外還有一種常見的情況是，子女在金錢上持續受到父母的剝削，辛辛苦苦賺來的錢卻沒辦法好好用在自己身上，導致口袋空空，工作只是為了奉養父母。

這種類型的父母會把「子女孝敬父母是天經地義」當成藉口，向孩子伸手要錢，或裝可憐博取同情，迫使子女交出錢來。

跟這種父母一起生活，持續在金錢上被剝削的話，子女想要獨立就非常困難。

畢竟要搬出去獨自生活也需要花一筆錢，這種狀況下，想跟父母拉開物理上的距離難度極高。

長期受到父母控制，子女也會對於自立感到恐懼。

這些子女會對自己到了這個年紀能否獨立生活感到不安，甚至會對離開有問題的父母感到害怕。

即使沒有住在一起，但如果子女長年以來一直給父母錢，那麼突然不再給錢也會令他們感到內疚，因而無法與父母保持心理上的距離。他們擔心父母的老年生活可能會因為沒有錢而過得很悲慘，甚至覺得一切都是自己的錯。

交往對象被否定，婚事不斷遭到反對的人生

婚事遭到父母反對的人也不在少數。

父母之所以會對子女的婚事持反對意見，是因為他們認為孩子跟這個對象結婚

不可能會幸福。

父母會以學歷、職業、家世背景為由，反對孩子的結婚對象。有的父母會不允許子女嫁娶至離自己家太遠的地方。有些父母甚至會情緒勒索地哭喊：「你是想拋棄父母嗎？」。

即便如此，孩子還是希望能夠得到父母的祝福，因此會努力地說服父母。然而越是努力解釋，越會被父母拒絕反對，身心狀態逐漸被逼到極限。這種狀況一旦持續，孩子甚至會開始懷疑自己當初的選擇，想著或許真如爸媽所言，跟那個人結婚無法得到幸福。最後實在是身心俱疲，開始冒出放棄說不定會比較輕鬆的想法，最終走向分手一途。

往後即使嘗試與父母可能會喜歡的對象交往也未必順利；就算碰到喜歡的對象，要是覺得父母可能會不認同，他們就會主動放棄。

時光蹉跎，回過神來才驚覺自己早已過了適婚年齡，隨著年歲增長，心中的悔恨也日益加深。

抱持罪惡感，照護年邁父母的人生

隨著年紀越來越大，人本來就會變得比較容易生病或者受傷。但心理不健全的父母不擅長處理人際關係，不喜歡被外人照顧，也不想要跟其他人一起生活，因此不願意住進安養機構。

許多子女無法放下背棄父母的罪惡感，即使心不甘情不願，卻依舊擔負起照護父母的責任。

不僅要照顧越年邁越是任性的父母，同時還得兼顧自己的生活，精神上的壓力龐大無比。

父母成天躺在床上對子女頤指氣使、事情不如己意就大發雷霆，卻連一句感謝的話都沒有。

直到子女精神上被逼到絕境，為此情況感到悲憤不已，想不透自己究竟是為了

什麼必須照護父母到心力交瘁的程度，相互怨懟逐漸成為一種日常，甚至可能會因此失控而對父母施暴。

不知道自己還得帶著「為什麼我得扛起照顧父母的責任？」的悔恨感生活多久。

長大成人後，仍為親子關係感到痛苦的人真的非常多。

而這些人，都正受到父母的控制。

你有可能正受到父母的控制

究竟什麼是控制？

「控制」一詞，有「操作」或「管理」等多種意涵，但若是套用在人際關係上，就會產生問題。

在各式各樣的人際關係裡，尤其容易引發問題的就是親子關係。

每個人呱呱墜地時，都無法靠一己之力存活，必須仰賴他人的餵養照顧才能活下來。而扮演這個主要照顧者角色的人正是「父母」。

因此，**當父母是有心理問題的人時，就會在各種層面上引發不良影響。**

舉例來說，父母稍有不如意時，就會發脾氣責罵孩子，把原本自己該面對的問題丟給孩子幫忙解決；除此之外，有些父母還會把過度的期待強加在孩子身上，要求孩子變成自己理想中的模樣。

久而久之，父母不再靠自己的力量解決自己該解決的問題，反而是利用孩子創造出一個對自己有利的狀態，而這就是所謂的「控制」。

孩子經年累月受到父母的否定，被迫接受父母的想法和控制，等到發現時，內心早已遍體鱗傷。

確認父母的控制狂程度

在我的諮商室中，經常會見到在親子關係中受苦而前來尋求協助的成年子女。我把自己從個案中觀察到的狀況彙整成以下的「父母控制狂程度量表」。現在讓我們一起測驗看看，你目前受到父母控制的程度吧！

如果符合**五項以上**，就代表你對父母有著強烈的恐懼或是罪惡感，很可能處於被父母控制的狀態。

□ 1 我認為照顧父母是我的責任。

□ 2 因為父母無法自己生活，所以我覺得自己應該幫助他們。

□ 3 我在做自己想做的事情時，有時候會覺得好像辜負了父母而感到愧疚。

□ 4 雖然想要離家獨立，但總有種拋棄父母的罪惡感而無法實踐。

□ 5 對自己離開家，讓父母寂寞感到內疚。

□ 6 曾經覺得可能是自己做錯了什麼，才會讓父母感到受傷。

□ 7 有時會對過去所做的行為感到後悔，覺得「要是當初沒有這麼做，父母就不會那麼痛苦」。

□ 8 有時會對過去沒做的行為感到後悔，覺得「要是當初有這麼做，父母就不會受苦」。

□ 9 覺得自己可能曾經傷害了父母而不自知。

□ 10 擔心自己不小心說錯話或做錯事，無意中傷害到父母，覺得什麼都不做或許比較好。

□ 11 覺得父母若是知道自己的真實想法會很受傷，因此選擇保持沈默。

□ 12 覺得父母很可憐，認為自己應該要多幫助他們。

□ 13 認為父母是為了自己才會這麼辛苦，所以必須努力報恩才行。
□ 14 害怕自己會被父母拋棄，所以努力做些會讓父母開心的事。
□ 15 害怕自己會被父母討厭，所以不可以讓父母感到不悅。
□ 16 覺得如果沒有滿足父母的需求，父母就會開始厭倦自己。
□ 17 認為如果不小心失敗了，父母就會生氣。
□ 18 認為必須照著父母的話去做，因為父母的想法一定是對的。
□ 19 認為自己的想法肯定是錯的，所以不應該對父母提出意見。
□ 20 認為父母的感受比自己的更重要。
□ 21 認為自己什麼都做不好，只會給父母添麻煩而已。
□ 22 認為自己表現得這麼差，只會拖累父母而已。
□ 23 習慣向父母說「對不起」。
□ 24 凡事先看父母的臉色。
□ 25 光是擔心父母會怎麼想，就害怕地什麼都說不出口了。
□ 26 理所當然地替父母支付他們應該自己支付的金錢。
□ 27 理所當然地替父母做他們應該自己做的事。

□28 其實並不情願，但因為覺得自己有責任，所以總是耐著性子聽父母抱怨。
□29 其實並不情願，但因為覺得自己有責任，所以總會安慰父母。
□30 其實並不情願，但因為覺得自己有責任，所以代替父母解決問題。
□31 被父母否定時，會感到非常沮喪。
□32 父母生自己的氣時，會感到非常沮喪。
□33 為了避免與父母深入對話，都只聊些表面的話題。

各位測驗的結果如何？

如果勾選的項目在四個以下，那麼只要透過本書學習正確的知識，馬上就能抓到與父母相處的適當距離。

如果勾選的項目達五個以上，你也許需要重新審視自己與父母之間的關係。

若是勾選項目超過十個以上，你可能會因為受到父母的影響，導致在親子關係以外的人際關係中也產生問題，處於心理健康失衡的狀態。

父母時常灌輸的「必須這麼做」的思想控制

典型的三種控制模式

不同父母控制孩子的模式也有所不同。

如果你不先搞清楚父母是如何控制你的，那麼往後也只會繼續被父母的控制手段所迷惑，無法擺脫控制。

以下我們將介紹幾個常見的典型控制模式。請試著回想父母曾經對你做過的事、說過的話，辨識你所遭遇到的控制模式。

CONTROL 01

「做子女的一定要懂得感謝父母」

教小孩「懂得感謝父母養育之恩」本身並不是件壞事。只是當父母親屢屢藉此向子女情緒勒索，只要孩子沒有表現出感恩的心，就對其加以撻罰、否定的話，那麼這種父母有很大的可能性是正在對孩子施加控制。

所謂「感謝」，應該是一種發自內心的情感。

然而，如果你只是將感謝父母視為一種義務和責任，而非出於自願，那麼很可能是表示你正在遭受父母對你進行的控制。

CONTROL 02

「做子女的一定要報答父母恩情」

你是否認為父母這麼辛苦，花了這麼多錢在你身上，所以你一定得好好報答父母才行？

事實上，會有這種想法的人，很可能已經被父母控制卻渾然不覺。

如果你瞞著父母，擅自從他們的銀行帳戶領錢出來花用，那麼這或許是你的問題沒錯；然而，如果不是你逼迫父母花錢，那他們所為你付出的金錢就應該是心甘情願的。

明明是父母自己所做的決定，卻巧妙地讓孩子覺得是自己的責任，甚至出於這份罪惡感，認為自己應該要報答父母，這正是被控制的人才會有的典型思維。

CONTROL 03

「做子女的一定要在經濟上援助父母才行」

有些人看到父母日子過得辛苦，就認為自己沒有資格享受生活，於是忍耐著不去做自己想做的事。

也有不少人會因為經濟上有困難的父母說：「家人之間本來就應該互相幫忙。」，而出於內疚之情給予父母金援，導致自己口袋空空、存不了錢。

矛盾的是，這種情況的父母通常揮金如土，甚至把子女的資助視為理所當然。

儘管如此，卻也不能質疑父母；如果對困苦的父母袖手旁觀，又會覺得這麼做的自己既冷漠又自私，出於心軟繼續不斷地把錢交付出去……

這種狀況大部份也是因為受到父母控制。

CONTROL 04

「做子女的一定要保護自己的父母才行」

從小就覺得媽媽很可憐，總覺得沒辦法放她一個人，於是壓抑自己的情緒，一心只想把媽媽保護好。

然而事實上，跟這種母親相處時，常會讓你覺得快要窒息。只是基於同情，日復一日地過著天天上演安慰母親戲碼的日子。

這樣的生活實在是很痛苦，每當想要一點屬於自己的時間時，媽媽不但會否定你，還會說出：「你是想拋棄媽媽嗎？」這樣的話，搞得自己不知道該怎麼辦才好。

這種狀態正是被父母控制的典型案例之一。

明白問題其實是出在父母身上

孩子很難察覺問題其實是出在父母身上

你是否曾經有過這種經驗呢？聽到朋友聊起自己的父母時，赫然發現他們竟然跟自己的父母完全不同而大吃一驚。

聽到別人家的狀況，才終於意識到自己的父母其實並不正常，可見子女要察覺父母有問題這件事是多麼地困難。

若是施暴或放棄育兒這類顯而易見的問題的話，子女或許從小就能察覺異狀。

然而，許多父母的心理問題或是心理異常，很難以眼見為憑的事實發覺，很多人甚至根本沒有意識到問題其實出在父母身上，長年以來深受其害。

或許這是日本特有的文化，導致人們無法察覺這些問題。

你是否也有同樣的感受呢？覺得親子關係的煩惱令人難以啟齒。

「要是向他人傾吐親子關係的煩惱時，自己的立場遭到否定的話，那該怎麼辦才好……」

截至目前為止，我的諮商個案中，很多都有著這樣的擔憂。

日本人從小就生活在根深蒂固的「父權」社會。簡而言之，父權文化中，父母即是絕對的權威，做子女的順從父母是理所當然之事。

正如同「孝順」一詞所隱喻的，當你身在一個以敬愛父母、推崇孝道為美德的社會時，自己竟是唯一一個不喜歡父母的人，便會覺得自己極為糟糕、背負著罪惡感，因此無法看清問題其實出在父母身上。這種情況其實相當普遍。

「心理健全的父母」與「心理不健全的父母」

接下來我會說明「心理健全的父母」與「心理不健全的父母」之間的差異。

如果你的父母處於心理不健全的狀態，那麼即使你已經長大成人，心靈仍可能持續受到傷害。以下將列舉出心理不健全父母典型的四種行為模式。

PATTERN 01

心理健全的父母會尊重孩子的選擇；心理不健全的父母則會出手干預每個決定

心理健全的父母認為孩子也有選擇的權利。因為他們知道得到自己喜歡的東西、避開自己不喜歡的事物，對於孩子的幸福而言至關重要，因此他們會尊重孩子，讓他們擁有選擇的自由。

然而，心理不健全的父母卻會出手干預，阻止孩子做出「錯誤」的選擇。他們會審查孩子的選擇，如果不符合父母的價值觀，便擅自認定孩子的決定是錯的，試圖加以干預，確保孩子不會偏離父母預設的「正確」道路。

心理健全的父母

心理不健全的父母

PATTERN 02

心理健全的父母以對等方式對待子女；心理不健全的父母則會秉持上對下的態度

心理健全的父母會與孩子建立對等的關係。他們不會因為自己是父母，就認為自己多偉大；也不會因為自己是父母，就要求孩子必須聽話。

在這樣的環境下，孩子能夠放心地說出自己的主張，因為他們知道自己不會因此被否定；即使日後遇到自己不喜歡的事情時，他們也能果斷地拒絕。

然而，心理不健全的父母會藉由貶低孩子來展現身為父母的優越感。

他們認為父母就是絕對的權威，孩子稍有不從，就會予以否定。他們洗腦孩子「若不尊敬父母就是大逆不道」，總是耳提面命地提醒孩子對父母的感謝還遠遠不夠，認為孩子必須更珍惜父母才行。

PATTERN 03

心理健全的父母讓孩子自己獨立思考；心理不健全的父母則會否定孩子，將自己的意見強加在孩子身上

心理健全的父母會把孩子培養成一個能夠獨立思考，自己做決定的人。

因為他們知道，父母無法永遠保護孩子，而他們的職責就是要培養孩子具備獨立自主的能力。

而且他們深知，只有讓孩子自己獨立思考、自己做決定，孩子才能得到真正的幸福。

然而，心理不健全的父母會把自己的想法強加在孩子身上。他們堅信著自己所

認為正確的事，理所當然地對孩子來說也是正確的。所以他們不會聽取孩子的意見，強迫孩子乖乖聽從父母的話，認為這樣肯定不會失敗。

PATTERN 04

心理健全的父母會對孩子的成長負責；心理不健全的父母則會對孩子要求回報

心理健全的父母認為，孩子能夠自立生活之前都是父母的責任，理所當然地盡全力支持孩子，而且不求回報。

雖然被孩子感謝是件開心的事，但他們並不會「要求」孩子報恩。因為即使沒有回報，他們也會認為孩子的成長就是他們最大的收穫。

然而，**心理不健全的父母會將養兒育女視為一種「辛勞」**。他們喜歡把「我可是含辛茹苦才把你養大」、「你知道養你有多辛苦嗎？」等等話語掛在嘴邊，甚至因為不想讓自己的辛苦白費，而要求孩子按照自己滿意的方式生活。

父母有惡意嗎？

很多人會問我這個問題。

「父母有惡意嗎？」

針對這個問題，我的答案是：

「基本上，父母是沒有惡意的。」

至今為止，我看過這麼多親子關係的個案，其中很少有父母是刻意想讓孩子受到傷害。

幾乎所有的父母都是因為抱有強烈的焦慮感，精神過於緊繃，實在沒有餘力好好關心孩子，才會傷了孩子的心。

即使孩子已經開口說出「不要」，父母也無法停手。

「我這麼做都是為了保護孩子，不聽話都是他們的錯」、「我這麼愛他，他難道感受不到嗎？」……**幾乎所有父母都認為問題出在孩子身上。**

要是相信父母那些「為了自己好」而說的話……

始終無法擺脫父母的控制！

當你年紀還小時，也許沒有足夠的能力去判斷是非對錯。

因此你就像是一塊乾燥的海綿，對父母的偏差思維照單全收，即使逐漸長大成人，也可能會對父母為了「方便控制你」而說的話深信不疑。

然而，要是相信父母那些「為了自己好而說的話」，那麼孩子就很難逃離控制。

接下來，我們就來驗證一下那些父母口中「為了自己好而說的話」是否屬實吧！

「父母吃過的鹽比我吃過的米還多，所以他們的想法一定是對的？」

每個人的想法不同是很自然的事。既然想法不同，對於正確性的理解也理應有所不同。

這個道理自然也適用於親子關係。無論父母的想法看似多麼正確，也未必適用在身為子女的你身上。

若是從來不曾自己思考、自己做出決定，那麼最可怕的情況，莫過於一直按照父母的想法，過著他們所預設的理想人生，驀然回首才驚覺，自己已隨波逐流至從未料想到的境地，為此悔不當初。

「事情不應該變成這樣的……」，若是走到這個地步，即使心中充滿悔恨，時光也不可能倒流。

「上好學校、進好公司，就會擁有幸福人生？」

父母經常對孩子耳提面命，「上好學校、進好公司，就會擁有幸福人生」，很多人也對此深信不疑。

但是，人生真的會因此就得到幸福嗎？取得符合社會期待的成功，無需為了金錢煩惱，生活過得也還算富裕……然而這樣的人生是否幸福，則是另當別論。

有太多人即使家財萬貫、坐擁金山，內心卻仍然感到匱乏；也有人身居高位，卻因為無法相信任何人而感到孤獨。

這種「上好學校、進好公司，人生就會幸福」的想法，是父母打從心底不相信孩子擁有生存能力，認定自己若是沒有把孩子保護好，孩子就無法幸福。

事實上，**這充其量不過是對孩子缺乏信任的父母，為了讓自己安心，而強迫孩子過著自己所定義的成功人生。**

「遭受父母反對的婚姻不會幸福？」

在諮商晤談中，時常談及的主題之一，就是婚事無法得到父母親的認同。許多對子女婚事持反對意見的父母會說：「遭受父母反對的婚姻是不會幸福的。」。

然而，這句話是否屬實？

一個人要能感到幸福，必須按照自己的感覺做選擇，根據自己的價值觀做出決定。當事情發展順利時，在內心好好讚賞自己；當事情不如己意時，也能把它視為人生中的經驗，作為未來的借鏡與養分。

相反地，一個人若無法按照自己的感覺做出選擇，無法根據自己的價值觀來做決定，而是必須遵循他人的標準，看別人的臉色過日子，這樣的人生是不可能會幸福的。

父母也許是打從心底希望孩子能夠幸福才會反對這樁婚事，但事實上，父母可能才是那個親手製造子女不幸的人。

就是因為能夠自己選擇，自己決定要跟誰攜手共度一生、跟對方住在哪裡、過什麼樣的生活，孩子才能擁有幸福快樂的人生。

「孝順父母是做子女應盡的本份？」

「孝順父母」的事蹟在社會上經常被傳為美談。

但我認為，應該有很多人對於「當父母遇到困難時，做子女的本來就該伸出援手」的社會氛圍感到痛苦。

如果支持父母會讓子女感到幸福，那麼這件事本身一點問題都沒有。

但若每天都得聽父母抱怨東、抱怨西，即使不想被當情緒垃圾桶卻也無法拒絕；或者因為父母常說：「我辛辛苦苦才把你生下來」、「把你養大有多不容易」等話，為此感到愧疚而繼續照顧父母，**這種一邊感到痛苦、一邊繼續支持父母的行為，稱為「自我犧牲」**。

你的自我犧牲，會讓父母失去生存的能力。

反正碰到不順己意的事，可以直接把過錯全部歸咎於你；反正只要把事情丟給你，你就會幫忙解決問題。父母把所有期待都寄託在你身上，漸漸地，他們就不會再對自己的人生負責。

「唯有孝順父母才稱得上是『好孩子』？」

雖然沒有人明確地告訴你該這麼做，但似乎每個人都認為自己「應該孝順父母」。然而事實上，發現自己辦不到，甚至為此感到十分痛苦的人亦不在少數。

你的狀況又是如何呢？

當你將孝順父母視為一種義務，就代表你決定自我犧牲，過著不幸福的人生。

無論「孝順」或是「報恩」，都是一種發自內心的善意而非義務。是否孝順父母、報答養育之恩，決定權操之在你。

心理健全的父母會把養育子女視為自己的責任，而且不會對子女要求回報，也絕對不會忽視子女的意願，強迫子女要孝順自己。

無論「孝順」或是「報恩」，都應該是建立在內心自然浮現的「感謝」之上。

因此，只有「孝順父母時會真心感到幸福的人」才應該這麼做。

想要擺脫父母的控制，你必須設定「界線」

當旁人試圖把他的想法強加於你時……

請各位在腦海中想像我接下來所說的情境。

你在某塊地上蓋了房子，並在此生活。
你的隔壁住了一男一女。
你的鄰居有點奇怪。

你在你跟鄰居家之間豎起一道柵欄、標示邊界，但不知道怎麼一回事，鄰居總是想方設法地跨越柵欄、無視界線。當他們的腳踩在你家土地上時，還會批評你或是將他們的想法強加在你身上。

儘管如此，你卻因為害怕而不敢多說什麼。你擔心自己若是反抗，對方說不定會做出更可怕的舉動。

有一天，鄰居的蠻橫無理讓你的忍耐終於到達極限，於是你表達出自己的真實感受，毅然決然地拒絕了對方。

沒想到，鄰居竟然還是大言不慚地說：「我這是為了你好！」、「我們不是鄰居嗎？這麼一點小事就生氣，你也太小心眼了吧？」……

這時連你都不禁懷疑，難道有問題的，真的是對鄰居不夠友善的自己嗎？接著你就什麼都說不出口了。從此看著鄰居的臉色過日子，深怕一不小心就惹怒對方，無法擺脫內心的恐懼和罪惡感。

你的真實感受是什麼？

你或許已經發現，我所說的這則故事，正是暗指心理有問題的父母，跟長時間被父母控制的孩子之間的關係。

有些人在聽了這個故事後，可能會覺得「我才不想跟這種麻煩的鄰居扯上關係，真恨不得馬上搬走！」。

不過，如果將鄰居置換成父母，他們就會對於自己竟有疏離父母的想法而感到愧疚不已。

當對象是個毫不相干的他人，那種自然感覺到的毫不猶豫，才是自己內在最真實的感受。

如果對象換成父母就會讓你產生迷惘，代表你已經被控制了。

儘管心裡一點都不想跟危險人物扯上關係，卻只因為對方是「自己的父母」而離不開，代表你正在自我犧牲。

設定「界線」保護自己

如果再也不想讓有著心理問題的父母傷害自己，那我們可以怎麼做呢？

這裡有個重要的知識要與各位分享，那就是劃分**「界線」**。

界線，是將父母與自己的領域有所區隔的那條線。

只要運用「界線」的劃分，就能更容易釐清在親子關係中出現各種問題的原因。

你將能夠一眼看穿什麼是對、什麼是錯，再也不會受到問題父母的言語或是行為左右。

劃清「界線」意指你不再接受問題父母的控制，而是根據自己的感覺選擇、思考後做出決定，是活出屬於你的人生的重要關鍵。

你正在放任父母成為控制狂

如果有人告訴你**「製造父母問題的人或許是你」**，你會有什麼感受？

你或許會想「這怎麼可能！」，但實際在諮商晤談時，我發現許多人的行為，明顯地把父母親的問題變得更大。

而且比例幾乎是百分之百。

你沒看錯，幾乎所有的人都是這樣。每個人都沒辦法與父母劃清界線。

明明有著很想去做的事，但只要發現父母親可能反對，你就會忍耐著自己的想法，把自己的慾望強壓下去，乖乖按照父母所說的話行動。即便如此，父母卻也一點都不認為自己的行為會讓子女感到恐懼，也不覺得自己正在阻止子女去做真正想做的事。

他們反而還會自我感覺良好，認為自己是個好家長、自己所說的話都是對的，小孩聽話本來就是應該的。

這種類型的父母一旦看到孩子順從的模樣，就會更加認定「我果然是對的！」」，進而強化自己的控制欲。日積月累下來，父母同理孩子的能力與尊重孩子生活方式的觀念就會益發薄弱。

倘若你其實並沒有意願，只是不做的話會覺得愧對父母，所以才勉強自己照著父母的要求行事，那麼我認為你心裡其實並沒有接受父母控制的打算。你不過是覺得父母含辛茹苦拉拔你長大，所以自己理所當然地應該接受父母的要求而已。

但就父母的角度看來，若是只要開口，子女就會全盤接受，那麼他們當然覺得「自己可以更依賴子女」，從此更加投入扮演辛勞父母的角色。久而久之，父母靠著自己的力量生活的意志也會越來越薄弱。

勉強自己答應父母的要求、按照他們的想法做自己其實根本不想做的事，這就跟你邀請父母跨入你的界線，對他們說出「歡迎歡迎！請多依賴我一些，快點來控制我吧！」是一樣的。

正是因為這樣的狀況反覆發生，才會造就出完美的控制狂父母跟依賴型父母。

人生是屬於你自己的

現在，苦惱於親子關係的你，眼前有兩條路可以選擇。

一是繼續過著「不自由」的人生。

如果你選擇走這條路，那麼繼續被父母支配的人生正等著你。你的內心將永遠被恐懼跟罪惡感佔據，不得不看父母的臉色度日。

即使有想做的事，只要父母不認可，就必須壓抑內心真正的想法放棄；如果你試圖拒絕去做自己不想做的事，也會因為受到來自父母的壓力，最終只能壓抑自我，繼續忍耐下去。

另一條則是通往「自由」之路。

如果你選擇向著這條路邁進，那麼從此可以按照自己的價值觀做決定的人生會在不遠處等著你。你不會再被父母的想法左右，所有事情都能以自己的感受跟想法為優先。

做自己認為對的事情，不做不符合自己價值觀的選擇，感受到自己的人生是屬於自己的。

你想選擇哪條路呢？

重要的是，你必須根據自己的感受來做出抉擇。

你可以自己決定一切。

下一章我們會深入剖析問題父母的特殊心理。

想要改善被父母所控制的親子關係，關鍵就是身為子女的你必須先掌握父母的心理問題根源。

當你掌握了父母的心理，理解他們是基於什麼樣的目的才會傷害你，你就能夠好好沉澱心情，減輕對父母的罪惡感。

「感覺到痛苦的明明是我，憑什麼我還要花心思去瞭解父母？」，有這種疑問的朋友，更有必要了解父母的心理。

【本章重點】

世界上跟父母關係不睦的人很多，你並不孤單。重要的是，如何在自己與父母之間設定界線。

長大成人的你，首先必須做到在精神上將自己和父母分開。唯有如此，你才能站在按照個人意願自由生活的人生起跑點上。

2

控制狂父母的心理

理解控制狂父母的心理，以及其所面臨的心理問題後，你將能夠明確區分出問題是出在父母還是自己身上。

從此不必再懷疑究竟是不是父母才是對的、自己永遠都是錯的，也不必再繼續自責了。

給認為「我幹嘛花力氣去了解令人厭惡的父母？」的你

想到父母時會感到「憤怒與後悔」

你是否曾有過這種經驗呢？

光是想起父母就渾身不舒服，內心湧現出強烈的憤怒。

即使刻意迴避那些關於父母的記憶，有時仍會在不經意間被觸發，帶來難以言喻的痛苦。每當想起父母時，不免冒出：「都是父母的錯，才讓我這麼痛苦！」、「要不是有那種父母，我的人生應該會更幸福！」，許多感到痛苦的人應該都有類似的想法。

隱藏在這些痛苦背後的真正情緒，是「憤怒」及「後悔」。

我們對於父母未能給予適當的關愛感到憤怒；也為在遭受糟糕對待後，仍與之

糾纏不清的自己感到後悔。

正因為兩種複雜的情緒並存，我們才會對於去理解父母的心理產生排斥。

甚至覺得自己幹嘛花力氣去了解那種父母呢？

但是事實上，**憤怒及後悔都是出於不夠了解對方**。

當你感到憤怒，腦中充滿各種疑問時，不免會在心中不斷地質問父母：

——為什麼要這樣對我？

——為什麼不這樣做？

然而，腦中想像的父母並不會給予任何回應，你再怎麼絞盡腦汁，也無法得到答案。為此，你感到更加地氣憤難消。

而當你感到後悔時，則會因為不知道什麼才是正解，而開始自我批判：

——為什麼我當時沒有這麼做？

——為什麼我要生在這種家庭？

不知道自己究竟該如何是好，找不出答案，也無法與過去和解，為此不斷地感到後悔。

諷刺的是，無論「憤怒」還是「後悔」，這些負面情緒的出現都是始於放任父母在腦海中上演小劇場，導致所有思緒都被佔據的你。

了解父母的心理問題的好處

即使已經刻意拉開與父母的距離，卻仍無法擺脫憤怒和後悔等情緒糾纏，這個時候，理解父母的心理問題，並學習正確的思維方式，就顯得格外重要。

理解父母的心理問題有以下四個好處：

1. 舒緩「憤怒」的情緒
2. 減少「後悔」的情緒
3. 降低「罪惡感」
4. 越來越有「自信」

MERIT 01

舒緩「憤怒」的情緒

洞悉父母的心理問題，就能更透徹地理解**「他們為什麼表現得如此不成熟與自**

私」。當你能夠釐清父母有哪些心理問題，也清楚這些傷人的言語及行為背後的動機，便能有效地消除心中的疑慮跟擔憂。

如此一來，你不必再大費周章地讓父母在你腦中上演小劇場，也不會再不停地處在憤怒及自責的情緒當中。

你再也不會陷入「父母為何如此對待我？」的自我質疑；也不會再出現「該如何反擊父母？」等帶有攻擊性的念頭。

MERIT 02

減少「後悔」的情緒

首先你必須認清，**即使理解父母的心理問題，也不能改變過去**。

不過，你可以記取經驗帶來的教訓。

心理有問題的父母，往往利用自身權威對孩子進行控制或者予取予求，年幼而無力反抗的孩子在這種父母面前幾乎沒有選擇的餘地。

但既然你已經長大成人，那麼應該有更多能做的事。

深入了解父母的心理問題，學習應對問題的相關知識，不僅能夠降低未來後悔的可能性，而且當你能夠同理幼時自己的無能為力，自然也會減少陷入自我批判的頻率，不必再為過去的遺憾感到苦惱。

一旦理解父母的心理問題，就不必再反覆自我詰問那些永遠無解的疑惑。

MERIT 03

降低「罪惡感」

有心理問題的父母會下意識地利用孩子來達到自己的目的。他們可能會採取攻擊性的態度、試圖支配孩子；或是藉由扮演可憐父母的角色來博取同情，進而依賴孩子。

如果你清楚知道父母有著什麼樣的心理問題，你就會明白眼前所發生的事情，其實是出於父母的心理問題所造成的。

接著，你就可以轉換想法，告訴自己「不必再費心解決父母的心理問題」、「我有權利遠離製造麻煩的父母」。久而久之，你將漸漸地不再陷入自責和沮喪，罪惡感也會慢慢減輕。

MERIT 04

越來越有「自信」

當你了解父母的心理問題後，就能輕鬆預測父母接下來可能會有的行動。你很容易就能猜到，父母究竟想利用你達到什麼樣的目的、獲取什麼回報，以及接下來可能會對你講些什麼、做些什麼。

當你能夠預測父母的行動，就能提前擬定對策，也能精準衡量應該保持多少安全距離，避免被捲入父母的心理問題之中。

理解父母的心理問題、提前預測未來，並採取應對策略，就能慢慢培養出掌控自己人生的自信。

有心理問題的父母常見的四種情結

父母的心理情結及其所伴隨的問題行為

心理學上的「情結」（Complex）潛藏於無意識之間，日常生活中很難察覺到它的存在。然而，情結所帶來的影響範圍相當廣泛，你很可能會在無意識間感到恐懼，難以按照內心想法行動，或者因此失去自信，導致人際溝通出現問題。

接下來要介紹的，是無法尊重孩子的自由權，反覆控制或依賴孩子的父母最具代表性的四種情結類型。

害怕失去的父母無意識中認為自己沒有被愛的價值，他們的不安全感十分強烈，認為總有一天會失去自己重要的東西。

這類型的父母大多將孩子視為人生的唯一價值，在情感上強烈地依附子女。他們擔心子女離開自己身邊，因此無所不用其極地監控孩子。即使孩子已經成年，仍無法尊重其個人意志，一而再再而三地過度干涉，時時刻刻都想掌握自己的孩子於何時、何地，跟什麼人在一起、做些什麼。

不過，要24小時掌握子女的行動畢竟是件困難的事，所以他們通常會對孩子設下嚴格的門禁或者限制外出。

即使孩子長大成人後離家生活，他們仍會要求孩子必須每天跟家裡報備，甚至強迫孩子頻繁返家。

上述行為正是**父母焦慮的心理表現，他們害怕孩子一旦離家，自己存在的意義也會跟著消失，因此想把孩子永遠拴在自己身邊，以免孩子離自己遠去。**

complex 02

孤獨、孤立焦慮

對孤獨、孤立感到焦慮的父母會在無意識中，認定自己總有一天會變成隻身一人、孤獨終老。

因為缺乏獨立自主的精神，所以他們不會為自立生活付出努力，永遠都想依附在他人之下。

而「子女」最容易成為他們依附的對

象。這類型的父母認定自己無能為力，所以強迫子女做父母原先必須自己做的事。

在生活及精神上極度依賴子女的父母，大多屬於這種類型。老愛把「含辛茹苦才把孩子拉拔到這麼大，他們本來就應該回報我」、「子女照顧父母是天經地義」等話語掛在嘴邊，打從一開始就盤算著依賴子女終生的父母，大多也是這個類型。

一旦被子女拒絕，他們便會立刻扮演起可憐的父母角色，將自己塑造成悲劇中的主角，哭訴自己辛苦扶養孩子卻遭到背叛，內心深受傷害。

他們擁有強烈的被害者意識，只要孩子不順從他們，就會使用「我要跟你斷絕親子關係！」，或是「我死給你看！」等語言進行威脅。

complex 03 無價值感、無能焦慮

自我價值低落、認定自己無能而感到焦慮的父母，會不自覺地認定自己的價值

與能力不如他人。

這類父母又分為兩種。

第一種是「自我批判型」。

這類型的父母極度在意社會觀感，無法接受孩子讓自己蒙羞。

因為不想被旁人發現自己的自我價值感低落，因此選擇與世隔絕，避免與他人接觸。

當他們看到似乎比自己更具價值的人時，就會失去信心，陷入沮喪與難以停止的嫉妒之中。

第二種是「他者批判型」。

這類型的父母因為不想被別人瞧不

起，經常會選擇虛張聲勢。

為了掩飾自己的脆弱，這類父母會透過反覆吹噓當年勇或訴說過去的辛苦經歷，甚至流露出傲慢自大的態度，藉以顯示自己的強勢。

另一方面，一旦發現某些人的價值似乎不如自己，他們就會瞧不起對方，甚至霸凌對方。

無論是哪一種類型的父母，他們通常在家庭以外的場合缺乏自信，為了掩飾其低自尊，才會試圖在家庭內佔領主導地位。

他們要求子女必須取得高學歷、進入知名企業工作，結婚對象必須家世良好、條件出眾。這些要求背後的理由，正是他們認為孩子在社會上的成就，就是自己的價值所在。

complex 04 擔心失去自由

擔心失去自由的父母，無意識中認定自己會受到他人妨礙。

這類型的父母甚至覺得連家人也會妨礙他們的自由。

他們心智不成熟且缺乏責任感，好逸惡勞的心態十分強烈。他們對子女漠不關心，也無心扮演父母的角色，拒絕對孩子付出關愛。他們對孩子置之不理，生活完全以自我為中心，只願將金錢與時間投入於個人嗜好。

這類型的父母常會在孩子長大，開始工作賺錢後，向他們索討金錢。他們不工作，把目標鎖定在子女辛苦賺來的錢財上，甚至以「家人之間本來就該互相扶持」為由，肆意奪取子女財富。這種案例十分普遍。

這類型的父母不擅長計畫、不懂得儲蓄和節省，也沒辦法好好整理周遭環境，因此家裡時常堆滿雜物。

有心理情結的父母會試圖侵犯孩子的領域

如果孩子實現了我的理想，我的焦慮感也許就會消失……

上個章節裡介紹了四種心理情結，幫助各位理解父母的心理問題。不知道各位的父母符合上述的哪一種情結呢？

在我分析過大量諮商個案的父母後發現，大多數的問題父母**幾乎同時陷入兩種以上的心理情結**。母親大多容易陷入「害怕失去」和「孤獨、孤立焦慮」這兩種情結；而父親則以「無價值感、無能焦慮」與「擔心失去自由」居多。

甚至有些父母同時符合四種情結症狀。

承如前述，父母無論陷入何種心理情結，同樣都會跨越界線，侵犯子女的領域，以便進行控制。

這種父母會有一種錯覺，**誤以為自己內在的焦慮跟恐懼，是身為子女的你所帶來的。為了安撫焦慮跟恐懼，他們會在無意識中認定，只要把眼前的孩子改造成父母心中理想的模樣，自己就會獲得安全感。**

於是這些父母否定子女的人生選擇，強迫子女活成他們理想中的樣子。

容易被父母侵犯的三個領域——「價值觀」、「情緒」、「責任」

絕大多數在親子關係中受苦的諮商個案，都正面臨著以下三個領域被父母入侵的困擾。

許多接受諮商的個案會告訴我，父母曾經對他們做出我接下來要介紹的種種越界行為，這些個案時常為此感到內疚、對自己的情緒感受失去自信，甚至無法學會如何自己解決問題。

1 「價值觀」的越界行為

對有著心理情結的父母而言，控制孩子的首要之事，就是向孩子灌輸自己的「價值觀」。

這些父母會將自己的價值觀強加在孩子身上，對孩子指手畫腳，只為了達成對他們而言正確、有利的結果。

無論孩子多麼努力，這些父母只要稍不滿意，就會予以否定。

2 「情緒」的越界行為

到目前為止，你應該也有過幾次忍無可忍，出言反駁父母的經驗吧！

但這麼一來，認定自己絕對正確的父母會產生一種自己才是受害者的心態，將負面情緒加諸在孩子身上。

除此之外，這類型的父母會不斷強調自己有多麼地為孩子著想，一再試圖說服孩子，讓孩子誤以為自己的選擇極為糟糕，甚至說出許多讓孩子感到內疚的話。

3 「責任」的越界行為

碰到人生的重大選擇時，各位或許都有過無論父母怎麼說，也不想改變主意的經驗吧！

然而，有著心理情結的父母為了控制孩子，無所不用其極地把責任強加到孩子頭上。把生你、養你，在你身上花費多少錢等全都拿出來講，明明這些都是父母自願做的，卻講得好像是被你逼迫，把責任全部推到孩子身上，然後再次責怪孩子的不聽話。

父母常見的三大越界行為分別是「價值觀」的灌輸、「情緒」的勒索與「責任」的推託。強迫方式及侵犯的手法會根據父母有的心理情結而異。

接下來我會介紹，有心理情結的父母在日常生活中是如何利用語言和態度在「價值觀」、「情緒」以及「責任」上越界。

請仔細回想看看，你的父母平常都是怎麼跟你說話的呢？

「越界」的父母可能會做的事

「價值觀」的灌輸

PATTERN 01

「我吃過的鹽比你吃過的米還多，我的判斷一定比較正確」

這些父母將自己的人生經驗套用在孩子身上，認為孩子做的決定肯定是錯的。只要孩子不順從自己的想法，他們就會感到焦慮，認為「這孩子正走向錯誤的路」。為了消除這份焦慮感，他們還會不斷地加強控制力道。

PATTERN 02

「大家都是這樣，你也應該要跟大家一樣才對」

父母試圖將他們認為「正確」的事情強加在孩子身上，讓自己感到安心。

這類型的父母通常會覺得自己的想法才是「標準答案」，除此之外的都是「錯誤的」、「失敗的」。

因此，當孩子選擇了父母無法理解的道路時，他們會認為「這樣不對！」，否定孩子，並要求孩子回到父母的舒適圈內。

PATTERN 03

「因為父母永遠都愛孩子，所以孩子也應該回應父母的愛」

父母認為自己是愛孩子的好父母。

他們以為自己了解孩子的一切，理解孩子所有的感受，知道什麼才能讓孩子幸福；他們自信滿滿，覺得自己所做的一切都是為了孩子好，強迫孩子接受這種生活方式。

PATTERN 04

「繼承父母的事業是孩子的責任」

父母在未尊重孩子意願的情況下，擅自認定孩子應該繼承家業、守護自家土地或是祭祀祖先。這類父母不顧孩子的人生應該是孩子自己的，無視於孩子的生活方式應該由孩子自己決定。

只要孩子不順從，他們就會用許多令人感到內疚的話語來責怪孩子，例如「你這樣我要怎麼向祖先交代？」、「過世的爺爺都在哭了！」、「你要害我們家族絕子絕孫嗎？」等等，把罪惡感加諸在孩子身上。

「情緒」的勒索

PATTERN 01

「讓父母擔心就是孩子的不對」

父母不相信孩子具有自主的能力，處於一種極度缺乏信任感的心理狀態。父母言語中夾雜的「擔心」，意味著他們內心的「焦慮」。

父母看到孩子時會感到焦慮，是因為他們在無意識中，擅自認定孩子會搞砸一切而變得不幸。同時，強烈的焦慮感讓他們難以接受孩子擁有獨立的價值觀，無法同意孩子選擇與父母不同的生活方式。

創造出焦慮的其實正是父母自己，但他們卻錯把孩子當成他們焦慮的源頭。

PATTERN 02
「你居然背叛我，我覺得好受傷」

這種心理狀態來自於強烈的依附及受害者心態。

父母對孩子抱持過高的期待，擅自認定孩子理所當然應該接受且滿足自己的所有要求。

然而，當孩子想按照自己的意願行事，無法回應父母的期望時，這份「望子成龍，望女成鳳」的心情就會轉變成受害者心理，父母因而感到受傷，認為孩子背叛了自己。

PATTERN 03
「你為什麼就是不懂父母的用心良苦？」

父母不相信孩子有能力按照自己的價值觀做出選擇和決定，按照自己的想法採取行動，形塑出豐富的人格與價值觀。

當父母看到孩子正在做著他們從未經歷過、結果未知的事，或者拒絕做那些父母認為應該做的事時，心裡會升起一股強烈的不安，擔心孩子會因此變得不幸。

因此，這句話通常是父母為了消除焦慮感，希望孩子能回到他們設定的正軌時所會說的。父母都有一種錯覺，認為他們心中的幻想必會成真，而他們的行為都是為了保護孩子。

PATTERN 04

「你這個不孝子／不孝女！」

會說出這句話，代表父母有著很強烈的依附心態。

這種父母在無意識中認為，「父母在孩子心目中理所當然是最重要的，孩子孝敬父母更是天經地義之事」。

大部份有這種思維的父母，往往在幼年時缺乏親情關愛，所以即使已經長大成人，仍會強烈尋求子女的認可，渴望自己能被他人所重視。

當子女未按照父母期望的方式給予回應時，他們會強調並責備子女不重視父母的行為有多麼地惡劣，甚至開始賣慘，向他人哭訴自己的子女有多麼地不孝。

PATTERN 05

「我乾脆去死一死算了！」

之所以說出這句話，基本上也是基於極度強烈的依附心態。這類型父母的受害者心態強烈到覺得只要孩子不支持自己，就跟有人叫他們去死一樣嚴重。

他們無法靠著自己的力量活下去，打算一輩子依附孩子。因此一旦孩子冒出離開他們的念頭時，他們就會陷入自己再也無依無靠的焦慮感，甚至情緒激動地說出「我乾脆去死一死算了！」這樣的話。

「責任」的推託

PATTERN 01

「養你很辛苦，花了一大堆錢」

把生孩子有多辛苦、養兒育女很花錢當作藉口，真正目的則是讓孩子對父母感到虧欠，藉此加強對子女的控制。

他們認為養育孩子是「被孩子所逼」；花在孩子身上的錢都是「非自願花費」，並且為此向孩子索討相應的回報。

當孩子未遵照他們的意願行事時，父母便會認為自己至今為止投資的時間跟金錢都白費了，把自己擺在受害者的位置，大肆批評子女的選擇。

PATTERN 02

「我沒跟那個人離婚，還不都是為了你」

父母無法面對自己的問題，試圖逃避責任時，就會說出類似這種話。明明是自己決定的事，但當結果不如預期時，卻把過錯推到孩子身上。

除了「我沒跟那個人離婚，還不都是為了你」之外，他們可能還會說出「要不是懷了你，我才不必結這種婚」之類的話。

父母不滿於現狀，卻無法接受這一切都是自己一手造成的事實，把問題歸咎於「都是因為孩子」，藉以逃脫自己應該面對的責任。

PATTERN 03

「做子女的，奉養父母天經地義」

說出這種話的父母極度缺乏自立能力，他們希望子女能替他們承擔父母應該扛起的義務，把責任全都推卸到子女身上。

這類型的父母認為，自己長年以來為了孩子勞心勞力，如果孩子沒有給予相對應的報答，那麼一切就都付諸流水。他們會將孩子視為自己的財產，認為「孩子的錢就是父母的錢」。

在上述幾種類型當中，這種父母在心智上尤其不成熟。

他們不想對自己的人生負責，也完全不打算靠自己的力量生活。

PATTERN 04

「照顧年邁或生病的父母是子女的責任」

父母藉由說出這樣的話，試圖減輕對於疾病跟變老的恐懼。

還有一種父母是害怕自己失去自由，明明身體還算健康，卻不願意付出努力，只想以年邁為藉口，要求孩子必須待在父母身邊，隨時恭候差遣。

以上兩種父母皆不打算靠自己的力量生活，處於一種缺乏自立意識的心理狀態。

先找出問題點

如果讀到這邊，你已經產生許多共鳴，那麼你的父母很高的機率陷入了某種心理情結，且為了安撫這份情節所帶來的焦慮感，不斷地越界侵犯你的領域。

對於長久以來被恐懼和罪惡感所控制的你來說，不知道自己的父母有著心理情結，甚至不知道父母其實正傷害著自己也是在所難免。

每個人都希望自己的父母是心理健全的人，當自己的父母並非如此時，要接受這個現實其實相當困難。

這很正常。沒有人打從一開始就能意識到自己的父母心理不健全。

然而，恐懼跟罪惡感會隨著時間變得更加根深蒂固。造成孩子即使被父母傷害了，也會刻意試圖遺忘，假裝那些痛苦根本沒什麼；說服自己相信父母說的全都是對的，順從他們。儘管父母背離自己的期待，卻還是強迫自己對父母心存感激，畢竟父母可是養育自己、拉拔自己至今的人。

現在的自己可能甚至不知道什麼是對、什麼是錯。

一如既往地壓抑自己的感受，繼續對父母言聽計從。

若想抵禦父母的越界行為，你必須精準掌握問題所在。**當你能看清問題的本質，自然就不容易迷失方向。**不必再反覆思索究竟自己的想法是不是真的錯了，也毋須糾結於父母的想法是否正確。

自此之後，可以冷靜思考的機會逐漸增加，也比較不會再因為父母的言語或是態度而感到沮喪。

如此一來，當父母再次越界時，你不但能在第一時間察覺，還能在問題發展到無法收拾的地步之前，率先採取行動。

如何不被父母的言語跟態度影響

心理健全的父母，絕對不會出現任何一種以上所談到的行為。如果你的父母曾經對你做出上面所提到的任何一種行為，或者往後可能會對你做出類似的事情，**那麼你就必須對父母設定明確的界線**。

請把不再被父母的言行跟態度影響作為目標。一旦明白自己是因父母的越界行為而感到受傷，你就不會再受其言語和態度影響，甚至能夠重拾改善親子關係的信心。

那麼，陷入心理情結的父母，真的能意識到自己的問題，並且做出改變嗎？

父母會改變嗎？會意識到自己的問題嗎？

認為「自己永遠是對的」

先說結論，陷入心理情結的父母如果沒有付出努力，不僅很難意識到自己的問題，更不可能做出改變。

父母都跟你相處在一起幾十年了，照理來說，他們目睹孩子受到傷害的次數肯定不止一次。

但如果你的父母到現在都沒有做出改變，那就代表他們選擇維持現狀，每當看到你受傷時，都認為自己「應該是對的，應該沒有做錯」。

又或者，他們甚至沒有絲毫猶疑，堅信自己所做的一切都是正確的。
無論如何，這都意味著父母已經下定決心，不去做出改變。
認為自己沒必要改變的人，理所當然不會反省。
無法反省的人，自然不會認為自己有錯，也不會承認自己有錯。

父母意識到自身問題的六個階段

不過，父母也不是永遠都不會改變的。
至今為止，我也見證過許多意識到自己有問題，主動做出改變的父母。
只是，父母意識到問題的時間點，通常為時已晚。
接下來我會為各位解說，父母意識到自己有問題的過程，以及需要經歷的六個階段。

【第一階段】憤怒

一旦孩子不再受控，父母就會認為孩子變了，受害者心態使他們感到憤怒。他們會變得很情緒化，否定或是威脅的行為開始加劇。

【第二階段】沮喪

如果孩子依舊不打算順從，父母發現孩子即使遭到否定、受到威脅仍然不為所動之後，他們的憤怒值便會慢慢降低，轉而開始指控孩子「讓他們很受傷」，或說自己「被背叛了」，企圖引發孩子的罪惡感。

【第三階段】告狀

孩子仍然不打算聽話，父母發現到自己沒辦法再控制孩子，於是開始向第三者抱怨。

父母會向孩子的手足或比較熟的親戚告狀，喋喋不休地談論孩子的行為有多麼過分或是傷人，試圖博取同情。

看不透問題其實出在父母身上，無端被捲入的第三者會代替父母，反覆對孩子進行道德勸說。這些第三者就和父母一樣，試圖讓孩子感到內疚而屈服。

【第四階段】放棄

即便如此，孩子依然抵死不從，而第三者並不像父母有著那麼深的執著，他們很快就會放棄。

無人撐腰的父母無計可施，逐漸產生放棄的念頭，不過此時自言自語的抱怨會增加。

沒辦法再繼續控制孩子的父母，在這個階段會對自己的孩子懷恨在心。

父母對孩子的執念越深，要走出這個階段所需要花的時間就越長。

【第五階段】困擾

父母開始感受到失去孩子的嚴重性。

從來不打算靠自己的力量獨自生活，總是依賴子女的依賴型父母；以及將子女視為私有財產，藉此取得安全感的控制型父母，在這個階段會感到困擾，開始意識到問題的嚴重性。

父母意識到自身問題的六個階段

【第一階段】

憤怒

父母將怒氣發洩在即將離家的孩子身上

【第二階段】

沮喪

哭訴自己「被背叛了」

【第三階段】

告狀

把親戚等周遭的人拖下水

【第四階段】

放棄

對孩子懷恨在心

【第五階段】

困擾

眼見孩子從身邊離開，父母的失落感越來越強烈

【第六階段】

覺察

讀了一些書籍之後，父母終於開始面對自己的問題

比例不高的父母在這個階段就有反省的能力；而大多數的父母在此時仍會不斷地為自己找藉口，不願正視問題。

【第六階段】覺察

為了消除困擾，父母開始採取行動。

有些父母會為了修補親子關係而開始接受心理諮商，或是拼命閱讀親子關係的專業書籍。當他們開始花時間面對自己的問題，設身處地站在孩子的觀點思考時，即是表示他們開始培養自我反省的能力。

有多少父母會自我反省？

上述所介紹的「父母意識到自身問題的六個階段」，其成立的最大前提，便是事情必須如預期中發展，且父母會依循著這六個階段產生變化。

遺憾的是，並不是所有的父母都有能力自省。

在我所看過的眾多個案裡，**會自我反省的父母僅佔一成**。這還是以「幾年」為單位追蹤所得到的結果。如果只以短期的一年之內而言，有自省能力的父母比例低到僅1～2%。

幾乎所有父母到【第五階段】就停滯不前。他們就這樣停在有問題的狀態當中，放棄改變現況。

他們只能繼續忍受，懷抱著對再也不受控的子女的恨意度過餘生。

試圖讓父母明白自己的問題，只會適得其反

有些子女認為，如果主動指出父母的問題，或許就有機會讓他們更快意識到自己的錯誤；或是期待父母接受心理諮商，反省自己過去的所作所為。

然而，我必須老實地告訴所有人，這種方法絕大多數都不會順利。

原因在於，對自始至終都堅信自己沒有錯的父母來說，即使子女點出問題，他

們也不願承認。他們不會認為「自己需要接受諮商」，因此幾乎沒有父母會到諮商所尋求協助。

被點出問題的父母反而會覺得「我怎麼可能傷害自己的小孩？」、「我哪可能需要諮商？」，然後越來越拒絕反省。

更糟糕的狀況是，他們會因此排除「諮商」這種能有效改變心理狀態的方法，等於又少了一條修補親子關係的途徑。

別被父母的「假裝反省」給騙了

父母會因為不想失去孩子而「假裝」

天下父母心，大部份父母都很關心自己的孩子。

做父母的總是擔心孩子吃苦，會想要保護孩子也是很正常的。

但是，有心理情結的父母卻不是這麼一回事。

當孩子想自由地展開屬於自己的人生時，父母會害怕自己再也無法控制或是依附孩子，為此想盡辦法傷害孩子，把孩子留在自己身邊。

如果孩子還是不乖乖聽話，很多這類型的父母情緒就會開始變得很激動，對孩子大肆批評；但也有一部份的父母會在此時展現出反省的態度。

要提醒大家注意的是，**面對這種反省最好多加小心。為什麼這麼說呢？因為這絕大部份都是出自演技。**

如果父母沒有透過接受諮商來了解自己的問題，也不明白自己到底是哪些言行傷害了孩子，那麼他們幾乎不可能真正反省。

然而，從孩子的角度來看，當看到父母展現出以往從未有過的反省態度時，不免會產生一種「父母終於懂我的感受了」的期待，因此再次接近有問題的父母。

而沒有真正反省的父母一旦奪回了對孩子的控制權，很快就會故態復萌。

一旦跟沒有真正意識到自己問題的父母有所牽扯，你就永遠無法擺脫這種被傷害的角色。

真實的想法會體現在行動當中

為了判斷父母展現出來的態度是否只是演技，我認為觀察他們的實際行動，比聽他們說什麼更為重要。

一個人的真實想法會體現在行動當中，即使嘴巴上說得再好聽，把「我在反省了」掛在嘴邊，只要行動沒有改變，那就只是演技而已。

例如，強烈反對你結婚的父母為了把你留在家裡，會告訴你：「我會答應讓你們結婚，但要再多交往兩年。」。

聽到父母這麼說時，孩子說不定還會感到很高興，以為父母終於贊成這樁婚事。但是事實上，他們還是沒有尊重你「現在就想要結婚」的意願，表示父母其實沒有真正地反省，只是表現出有在反省的樣子罷了。

就結論來說，父母的想法自始至終都是一樣的。

關鍵在於確認父母不會再否定或批評你的生活方式，行為也必須展現出尊重「你的人生屬於你自己」的態度。

當你試圖與沒有意識到問題的父母好好相處時

如果你跟以前一樣，與尚未意識到自己的問題，只是展現出好像有在反省的演技的父母相處，父母的問題會更變本加厲。

這是因為父母從這個經驗中發現，「即使傷害了小孩，只要假裝有在反省，孩子就會乖乖回到我身邊」，因此他們會不斷地重複出現問題行為，再不斷地進行反省的演技。

如此一來，父母更無法正視自己的問題。

這個事實對你而言或許有點震驚，但因為這正是真正的問題所在，所以更應該直接說清楚。

繼續跟沒有意識到自己問題的父母相處，只會讓父母的問題日漸嚴重。

雖然你不想把父母想得那麼壞，且父母其實也不是故意要傷害你，但如果他們仍然無法尊重你的意願，一再將自己的想法強加在孩子身上，你的痛苦就不會有結束的一天，未來繼續受苦的可能性仍然很高。

只有「你」能減輕父母的痛苦

事實上，**試圖控制、支配及依賴孩子的父母也很痛苦**。

如果他們深受前面介紹的四種情結所困（請參照第61頁），內心便會十分焦慮不安。為了安撫焦慮感，他們選擇利用身為孩子的你來減輕痛苦。

但是父母無法確定你永遠都會跟現在一樣受控，內心的焦慮感始終揮之不去，只能繼續承受著痛苦。

如果你有「跟父母疏遠會覺得很愧疚」，或是「離開父母就等於背叛他們」的想法，我希望你能稍微改變這個觀點。

你之所以疏遠父母，也是為了幫助他們從焦慮跟痛苦中解脫。

如果父母對孩子的執念一直那麼深，他們的痛苦就永遠不會結束。

只有當父母放下了對「你」的執著，他們才能真正地從痛苦中解脫。

【本章重點】

受苦的不只是被控制跟被依附的你。一直以來，努力想要消除焦慮，增加安全感而持續控制你的父母，其實也一樣痛苦。

繼續維持現狀，跟有心理問題的父母相處，只會讓父母的問題越來越嚴重。

如果你可以跟父母保持適當的距離，讓他們無法執著於你，那麼父母所承受的痛苦也會跟著減輕。

3

親子關係必須有「界線」的原因

有些人會對於與父母之間設定界線一事感到抗拒。然而，如果沒有設定界線，你的人生主導權將永遠掌握在父母手中，無法真正自由。

接下來讓我們一起了解與父母設定界線的優點，並且踏出邁向自由的第一步吧！

為了活出屬於自己而非父母的人生

不設定界線，就無法停止自我否定

無法與父母設定界線的人，往往會以下列三種模式否定自己。

PATTERN 01

沒辦法跟父母好好相處，或許是我的問題!?

許多來找我做親子關係諮商的人，直到成年前都沒有意識到父母的問題。很多人反而認為，會被父母否定都是自己的錯。

由於從小就被父母指責「都是你的錯」，長期下來，內心深信「無法得到父母認可，一定是我的不對」。為此，許多子女會選擇不斷地犧牲自我，費盡千辛萬苦，只為了取悅父母。

如果不設定界線，你就無法掌握真正的問題所在。不知道出問題的究竟是誰，就只能不斷地落入自我否定的無限迴圈之中。

PATTERN 02

無法對父母心存感激，或許是我的問題!?

你是否曾經有過以下的經驗呢？當你試圖向人傾吐親子關係方面的煩惱時，對方卻以「別把錯怪到父母身上」來否定你的感受。而這種回應往往讓人深陷沮喪。

很多人會忍不住懷疑自己，認為「無法對父母心存感激，一定是我的不對」。**如果不設定界限，就很容易會被周遭人的想法所左右。**

我們總會以為別人的想法比自己的更加正確。

PATTERN 03

難道全家只有我一個人的想法是錯的!?

意見被全家人否定，家裡沒有任何一個人能理解你的感受，在家庭中孤立無援。此時很多人會懷疑自己，「難道我的想法真的是錯的嗎？」。

但實際上，這種狀況很可能是全家都有心理問題，而你是第一個注意到問題的人。有心理問題的家人們聯合起來，對唯一一個健全思考的人進行圍剿的狀況並不罕見。

如果不設定界線，你就會對自己的想法沒有信心，無法按照自己的意願行動。

設定界線，奪回屬於自己的人生

與父母設定界線的目的，是為了終止相互依存的親子關係，展開身體與心靈都能夠獨立的人生。

然後，請活出那個原來就屬於你的自由人生。

無論你想從事什麼工作、在哪裡生活、與誰共度一生。如何度過你的人生，一切都由你自己決定。

你天生就擁有自由生活的權利。

然而，本該在你身邊支持你展開自由人生的父母，卻因為種種心理缺憾而無法盡到應盡的職責，甚至做出了一些從頭到尾都不應該做的行為。

與父母設定界線後，獨立的你可以去做任何感興趣的事，也可以跟喜歡的人在一起，從事自己嚮往的任何工作。

換個角度來看，你可以拒絕任何強加在你身上的束縛、遠離那些不珍惜你的人，再也不必遷就於那些違背自己心意的事物。

不需要再看父母臉色、不必再被父母的想法左右，你可以完全按照自己的感受做出選擇，自己決定自己的人生。

如果能夠與父母之間設定界線，你就能奪回人生的主控權，過上屬於自己的獨立生活。

那麼，具體來說，我們應該如何設定與父母的界線呢？

如同先前所介紹的，有心理情結的父母主要會透過「價值觀」、「情緒」及「責任」等三種形式侵犯孩子的私人領域。

針對這樣的狀況，孩子也必須在三大領域分別設下界線。

如此一來，就能更明確地將自己與父母的問題區分開來，不需要再為了父母的侵門踏戶而受苦。

接下來，我會介紹在各個領域設定界線的具體方法。

在「價值觀」上設定界線

把自己的價值觀跟父母的價值觀分開思考

首先，所謂的「在價值觀上設定界線」，意即認知到**自己與父母的價值觀有所不同，而且清楚知道當中的差異**。

就算是親子，也終歸是不同的個體，價值觀不同是很正常的。既然有著不同的價值觀，各自選擇不同的生活方式也在所難免。

因此，你必須將自己的價值觀與父母的價值觀分開思考。

此即所謂的「在價值觀上設定界線」。

你不需要為父母的價值觀買單

——唯有遵循自己的價值觀，才能得到真正的幸福

遵循父母的價值觀是完全沒必要的行為。

每個人都有自己的個性跟特質，因此會有各式各樣不同的價值觀。

親子之間也是如此。

價值觀不同，對幸福的感受也會有所不同。

因此，遵循著父母的價值觀生活，就等於在不知道自己是否幸福的人生中不斷徘徊。

若是一直讓價值觀不同的父母決定你的生活方式，這樣的人生或許能夠滿足父母，但對你而言卻只有不幸。

事後追悔也挽回不了逝去的時光。

當你能夠按照自己的價值觀來決定如何生活，人生的幸福感也會有所提升。為了活出不受父母控制的獨立人生，根據自己的價值觀思考、選擇跟做決定至關重要。

即使父母否定你的價值觀也沒關係
——→父母跟子女的價值觀本就有所差異

請以自己的價值觀為最優先。

當父母指責你的想法錯誤時，你大可認為親子之間原本就不存在所謂共同的價值觀。

當父母否定你的想法跟行動時，代表他們發現你並不如他們預期中的受控，所以試圖再次透過否決來掌控你。父母透過否定的手段，想方設法證明你是錯的，試圖把你變回能讓父母放心的孩子。

即使血脈相連，價值觀不同也是很自然的事，不代表誰的價值觀是對的，或者誰的價值觀就一定是錯的。只是你的價值觀在你看來是對的，但在父母眼中卻是錯的而已。

這就是為什麼你的人生應該以自己的價值觀為第一優先。**請按照自己的價值觀，選擇自己想要的生活方式並付諸行動。**

為了不再受制於父母，你必須積極採取各種行動，一點一滴地建立自信心。

不必浪費時間去證明父母的價值觀是錯的

——你的價值觀是對的，不需要為了捍衛它而奮戰

請不要跟父母爭論，這只會讓你更不開心而已。

人類有戰鬥的本能，沒有獲勝就會覺得自己好像輸了而不甘心。我們會想要證明自己是對的，對方才是錯的。

但是，無論輸贏，這都只會浪費你寶貴的時間跟精神。

你的人生不會因為戰勝父母而變得比較幸福；而且要是宣告戰敗，更會徒留悔恨，無論如何都將一無所獲。

最重要的是，你必須相信自己的價值觀。

即使不跟父母爭論、證明自己才是對的，對你來說，你的價值觀是正確的就已足夠。

所以無論父母說什麼，關鍵在於你能不能按照自己的價值觀行動。

當你根據自己的價值觀行動且事情進展順利時，請好好地讚美自己；即使結果不如預期，只需把這次的經驗視為學習，當作下次嘗試的借鏡。

為了擺脫父母的控制，**你必須展現出落落大方的態度，並克制自己不被父母的挑釁激怒。**

你可以根據自己的好惡來做決定

⟶以自己的價值觀為優先，才能活得毫無壓力

面對越是重大的人生決擇，越需要以自身好惡為先。

大多數被問題父母控制的人，都極度害怕失敗。

他們受到「如果沒有成功，就無法得到父母認同」的制約，認為失敗是件糟糕的事。

不過，根據自己的好惡來做決定，並不意味著自私或怠惰。

如果不想活得戰戰兢兢，你就必須認真地做自己擅長的事、避免做自己不擅長的事。唯有不遵循父母的價值觀，依照自己的喜好跟天賦生存，才能減輕壓力，人生的路才能走得更遠。

不過，如果人生中出現了你不喜歡也不想做，但卻不得不做的事情時，請盡量用比較不會抗拒的方式完成。

若想擺脫父母的控制，你必須接納自己的好惡。

試著根據自己的喜好，選擇自己的人生。

在「情緒」上設定界線

把自己的情緒跟父母的情緒分開思考

「在情緒上設定界限」，意指明白**父母的情緒是他們自己的感受，並不是身為子女的你所造成的**。

更重要的是，知道**你所感受到的情緒，正是你心中的正確答案**。

把父母的情緒跟自己的情緒分開思考，才能避免被罪惡感所吞噬。

這正是「在情緒上設定界線」的意思。

你可以質疑父母的情緒表達方式

——→父母的情緒感受是他們自己造成的

請試著對父母表達情緒的話語抱持懷疑。

當父母對你說「你背叛了我，讓我好受傷」，或是「你拋棄了我，讓我好難過」時，請對這些話抱持懷疑，問問自己「傷害他們的，真的是我嗎？」。

人的情緒是由自己創造出來的，並非他人所能造成。

舉例來說，有心理情結的父母往往會想依賴身為子女的你，對你寄予厚望，而當這份期待沒有得到滿足時，他們就會產生一種受害者心態，說自己「被背叛」、「被傷害」。

從今以後，請學會客觀確認事實。

例如，你可以試著回想自己是否曾經否定父母的生活方式，或是將自己的價值觀強加在父母身上，用言語或行為對他們造成傷害呢？

如果你從來沒有做過這些事情，那麼說你「傷害父母」也就不是事實。

更進一步來說，你按照個人意願自由生活，並不會對父母造成傷害。即使拒絕父母的要求，沒有活出他們期待的樣子，但是按照個人意願自由生活，本來就是你與生俱來的權利。

如果不想再受到父母控制，你必須隨時保持客觀的視角，不再被父母的言語所左右。

不必覺得父母很可憐

→持續援助愛抱怨的父母，他們就無法獨立

你真的不必覺得父母很可憐。

也不需要因為父母抱怨「我好痛苦」就伸出援手。

如果從小就經常聽到父母抱怨，孩子會在心裡產生「父母好可憐」的印象，逐漸加深「自己必須幫助父母」的責任感。

然而，向孩子抱怨其實是依賴型父母才會有的行為。如果你一直無條件地聆聽，只會加強他們對孩子的依賴，更不願意自己解決問題。

當父母親感覺痛苦時，應該先好好思考究竟是什麼讓自己陷入困境，深入探究原因，才能解決問題。

如果孩子一直聆聽父母抱怨，父母會誤以為只要繼續裝可憐，孩子就會永遠支援他們，進而更沈溺於賣慘，對孩子予取予求。

所以，就算父母一直跟你抱怨自己「好痛苦」、「好難過」，你也不需要出手相助。

即使父母指責你見死不救，你也不需要責怪自己。

最根本的解決之道，就是讓父母自己面對自己的問題。

討厭父母也沒關係，你大可以選擇遠離

→無法喜歡不尊重自己的人是很正常的事

就算討厭自己的父母也沒關係。真的覺得討厭的話，離開他們也完全沒問題。就像父母有著情緒，你也有自己的感受。心裡的聲音會告訴你，什麼樣的生活方式才是真正適合你的。

為了批評別人而濫用情緒的父母確實不對。請把自己的情緒用在為自己選擇幸福的生活方式，這世界上沒有任何一個判斷工具比這更為標準。

沒有人願意和自己不喜歡的人做朋友，所有人都想和自己不喜歡的人保持距離。然而，卻有很多人會認為，無論與父母的關係有多糟糕，都不應該「討厭自己的父母」。

你會討厭父母，不是因為你是個冷漠的人。當父母強加自己的價值觀在你身

上、肆意傷害你、不尊重你的意願、否定你的決定時，你當然沒辦法喜歡他們。不能因為對方是父母，就要求孩子必須無條件喜歡。同理，孩子也不必說服自己喜歡父母。

所以，別再為了無法喜歡自己的父母而感到自責。

想要成為一個不被父母控制的人，你必須試著**坦然面對自己的感受**。不論是無法喜歡那些不尊重你意願的人，還是希望與討厭的人保持身心上的距離，這些都是很自然的事。

在「責任」上設定界線

把自己的責任跟父母的責任分開思考

所謂的「在責任上設定界線」，意思是**理解父母應該承擔哪些責任，同時知道自己不必代替父母承擔哪些責任**。

每個人都有自己所該承擔的責任。

只有你能對自己負責。

把自己的責任與父母的責任分開思考。

此即「在責任上設定界線」。

你不需要孝順或是報恩

——養育孩子本來就是父母的責任

你不需要孝順，也沒有報答恩情的必要。

要說為什麼？那是因為父母有「養育孩子的責任」。

所謂養育，是指提供孩子成長所需的健康環境。

除了食、衣、住等基本需求以外，還包括子女的教育，以及身心層面的正常發展。心理健全的父母會將養育子女所花費的金錢、時間與精力視為理所當然的責任。因此，他們不會要求子女孝順或是回報，更不會強迫子女感恩。

畢竟孩子並非出生就能自己長大，父母在養育孩子的過程中，勢必會經歷一定程度的辛勞，而這些都是他們在生孩子之前就應該要想清楚的。

然而，如果父母常把「我可是辛辛苦苦才把你養大」，或是「養你花了很多錢」掛在嘴邊，代表他們在尚未準備好履行父母責任的情形下就已成為父母。

孝順和報恩都是一種「善意」，而善意是強求不來的。

為了擺脫父母的控制，你必須明白**善意不是一種義務，而是一種選擇。孝順或報恩這些出自於善意的行為，應該留給那些讓你感到幸福的人。**

你不必為父母的決定負責
→父母的人生是他們自己的責任

如果是父母所做的決定，無論結果為何，責任都不應該由你來承擔。

這是因為，只有做出決定的人才能負起「承擔後果的責任」。

例如，扶養子女的生活費、送孩子去上學或補習的教育費、外食或旅行所花的費用等等，既然是父母自己做的決定，責任自然就在他們身上。

所以就算父母說「把從小到大養你的錢還來！」，或是「把栽培你升學跟留學的學費拿來！」，你也沒必要理會。

儘管父母三番兩次地強調「我那麼努力工作，還不都是為了你」，或者「要不是因為你，我也不必那麼辛苦」，你也不需要覺得自己必須負起責任。

無論是要不要生孩子，或是如何養育孩子，做出這些決定的都是父母，而不是被你強迫的。

擺脫父母控制的關鍵在於，**你必須清楚誰該負起責任，並且明白你沒必要承擔那些不屬於你的責任。**

你不需要照護年長或是生病的父母
──→父母有責任靠自己的力量活下去

即使父母親生病、需要他人照護，你也不必認為自己一定得負起照護的責任。

要說為什麼？因為每個人都有「靠自己的力量活下去」的責任。

心理健全的父母會將自己人生中所發生的一切都視為自己的責任。他們會為了將來未雨綢繆，知道自己有一天可能會生病、需要別人照顧，所以提前為自己的老後做好準備。

而有心理情結的父母會認為子女理所當然得照顧父母，只要事情不如他們所願，就會開始大肆批評，動不動就責怪孩子「根本不關心父母」。

照顧也是一種出自於「善意」的行為，即使對象是你的父母，你也無須勉強自己照顧他們。

要成為一個不受父母控制的人，你必須明白，照顧父母是那些能夠因此發自內心感到幸福的人才該做的事。

不必害怕父母整天高喊「想死」——只有不想為自己人生負責的父母，才會說出這種話

確實有種父母，只要子女不順己意就會喊著自己「想要去死」，但你並不需要覺得自己有責任在身。

這是執念很深的父母不惜一切代價試圖要控制子女時，所使用的威脅性用語。

當聽到父母說要「去死」時，你可能會覺得自己有責任，擔心父母真的會因為自己而死；你或許會因此再次順著父母的意，壓抑內在想法，放棄想做的事。

然而，這些都正好符合使出威脅手段的父母心中的「期待」。

他們之所以這麼做，正是基於一種期待，覺得只要這麼說，孩子就會屈服乖乖聽話。

雖然我不能跟你保證父母絕對不會尋死，但從心理學的角度來看，對他人抱有很高期待的人，選擇自我了斷並不合理。

也就是說，幾乎沒有父母嘴上喊著要「去死」，然後就真的離開人世。至少我是沒見過這樣的案例。

為了成為一個不受父母控制的人，你必須明白所謂的**「我要去死」，是那些不打算靠自己的力量活下去的依賴型父母才會說的話。**

脫離「過去的自己」與「被父母束縛的人」

如果沒有在「過去」跟「現在」之間設定界線……

心理學上將那些具有衝擊性的心碎經驗稱為「創傷體驗」。當過去的創傷記憶突然浮現在腦海中，猶如瞬間重回痛苦的創傷事件現場時，我們稱這種現象為「情境重現（Flashback）」。

或許，你也正因為腦海中重現父母對你說過的傷人的話，或露出的可怕表情而感到痛苦不堪。

當「情境重現」發生時，雖然感受到這一切的是「現在的自己」，但我們卻會誤以為自己仍是那個「過去被父母傷害時的自己」。即使父母不在面前，卻仍陷入正被傷害的心理狀態。

要緩解情境重現的狀況，首先必須在「過去」和「現在」之間劃下界線。你必須認知到，被父母傷害的是過去的自己，而不是現在的自己。

下一步則是認知到，你所勾起的痛苦記憶，對現在的自己沒有任何危險。如果能意識到「想起這些記憶不會造成危險」、「沒有什麼好害怕的」，不但能有效降低被恐懼吞噬的頻率，還能加快創傷復原的速度。

此外，理解並整理你在「情境重現」中所看到的場景也很重要。一旦理解出現在情境中的父母的心理情結，看透他們傷害你時背後真正的目的，你就能釐清自己的思緒。透過一次又一次的理解跟整理思緒，培養並增強自己對於情境重現的耐受度。

如果沒有在「被父母束縛的人」之間設定界線……

社會上有些人認為「一定要好好珍惜父母」，或是「絕對不可以說父母的壞話」。

為什麼這些人會這麼想呢？是因為他們得到父母適當的關愛嗎？

事實上，**那些會想好好珍惜父母的人，往往是因為被父母的枷鎖所束縛。**

這些人尚未意識到自己父母的毒性。出自於不想把父母想得這麼壞的愧疚感，和對辛苦把自己拉拔長大，勉強算是好父母的感恩之情，他們常常會自我催眠，告訴自己「應該對父母心存感激」，這樣的案例比比皆是。

當這些人發現有人沒有好好珍惜父母時，他們會感到很生氣，覺得「為什麼你沒有跟我一樣？」、「你肯定有問題！」而想要否定你。

相反地，在雙親心理健全、獨立自主的家庭下成長的人，明白父母跟子女之間本來就有明確的界線，所以他們不會有「一定要珍惜父母」的想法，看到想跟父母保持距離的人時，也不會想去否定他們。

這也是為什麼我會認為，把「一定要好好珍惜父母」這句話掛在嘴邊的人，本身可能也有問題。

在讀了這本書，逐漸理解父母的心理問題之後，相較於那些尚未意識到問題的人，各位在這方面的知識水準應該較為進步。

為了往後能更信任自己的感受勇往直前，你必須在具備知識的自己與不具備知識的他人之間劃出界線。

害怕會傷害到自己的孩子

我想很多人會擔心，自己以後要是生了孩子，會不會像自己的父母那樣傷害孩子呢？

如果你已經有了自己的孩子，當你發現自己竟然說出父母曾對你說過、令你痛心的話時，或許會感到沮喪。

受到父母所造成的創傷影響，自己也可能複製父母的行為去傷害別人，這種現象稱為**「代間循環（傳遞）」**。為了終止跨世代的連鎖反應發生，與父母不恰當的言行劃清界線就顯得非常重要。

被代間循環影響的人，多半不理解父母的心理問題，也從來沒有意識到自己受到父母的傷害有多深。當然，他們也不會想到要去設定界線。

因此，他們不知道現在的自己會帶來什麼樣的影響，也不知道自己可能會做出什麼傷害他人的行為。正因無知，所以會不自覺地重現自己從小看到大的言論或行為。

因為從來不知道有其他條路可以選擇，所以才會跟自己的父母一樣，傷害了自己所愛的人。

因此最重要的是，比對你所擁有的知識，確認你從父母那裡學到的親子相處方式是否有任何不當之處。

以第三者的角度，像在看電視一般，客觀審視幼年的自己如何受到父母傷害。然後仔細思考，現在的自己是否有對重要的人付出適當的關懷、是否曾像過去的父母一樣做出傷害他人的行為。

持續以這種方式**為自己的心設定界線，就能有效終結代間循環。**

設定界線，回歸自然的親子關係

透過三個原則設定界線，讓父母跟你都能邁向幸福

設定界線時，有幾個步驟。

接下來我會逐一介紹這些基本行動。

【基本行動1】保持距離

這裡所說的保持距離，是指在心理及物理上都跟父母拉開距離。

不需要勉強自己待在父母身邊，如果住在一起會讓雙方感到痛苦，那麼分開來住也行。

一旦保持適當的距離，父母就沒辦法再繼續控制你。

而當父母開始自己過生活時，內心也會變得比較獨立。

若能在心理上設定界線，並以「要是我跟父母都靠自己的力量生活，那麼彼此都會有所成長、變得獨立」的想法行動，你與父母的人生都能朝向幸福前進。

【基本行動2】說出真實的感受並學會拒絕

當你坦白地說出感受，並學會拒絕不符合自己意願的事時，父母就會知道你的真實想法。

父母也會慢慢察覺到，自己說什麼話會被孩子拒絕、做什麼事會讓孩子離自己越來越遠。

父母一直以來都沒發現自己的所作所為傷害了你，但現在他們終於有機會站在你的角度思考。

如果能在心中設定界線，並以「我的想法跟父母不一樣，所以我必須好好講出來」的概念行動，那麼之前過於摩肩接踵的親子關係，會調整到合適的距離，孩子和父母都會更加幸福。

【基本行動3】為了自己而活

為了自己而活，就是選擇按照自己的決定生活。

如果你展現出即使被否定也要付諸行動、就算被強迫也會好好拒絕的態度，父母就再也無法實際掌控你，對你的控制跟依賴也會隨之減少。

當父母再也無法依賴孩子，就必須開始面對自己的人生。

也會開始學習靠著自己的力量活下去。

在心中設定界線，明白「我的人生是我自己的，父母的人生是父母自己的」，無論你或父母都能加速朝向追求幸福前進。

親子各自獨立、各自幸福

當孩子開始設定界線時，父母剛開始一定會感到痛苦。

但如果你在這時選擇放棄，無論你或父母，都只會越來越不幸。

活出獨立自主的人生固然重要，但不剝奪父母獨立自主的機會也很重要。

如果保持距離讓你有種背叛父母的感覺，因為內疚而無法選擇抽離，那也等同於是在妨礙父母走向獨立人生。

過度執著於孩子的父母，內心其實也很痛苦。

他們滿腦子都在想著能不能控制你、要是沒辦法控制你的話該怎麼辦……內心充滿焦慮。

如果你一直待在父母身邊，讓他們對你懷有期待，那麼父母將永遠無法好好面對自己的人生，也無法創造幸福的生活。

若是能靠自己的力量生活，父母也會很開心。

根據自己的感受做出選擇，不但有成就感，也能為自己建立信心。

如果因為罪惡感而離不開父母，那反而是剝奪了讓父母獨立的機會。

為人子女，不能阻礙父母追求幸福的人生。

透過設定界線，父母也能體會到「自己的事應該自己負責」這個理所當然的道理。他們會越來越能獨立，開始踏上屬於自己的人生道路。

唯有不再受到父母的控制，**才能開始為自己而活，真正展開自己的人生。**

當你跟你的父母各自邁向自己的人生，彼此也會開啟另一段嶄新且健康的親子關係。

這一點也不難。**透過設定界線，解除過去不正常的親子關係，回歸到正常且自然的互動模式。**

獨立之後的心情？

在與父母設定界線並展開獨立自主的人生後，你現在的心情如何呢？

對於只經歷過不健康的親子關係的人而言，面對新生活會有許多不知所措，未來的一切都很難預料。

有些人可能會想像，終於能掙脫束縛、自由自在地生活，應該每天都很幸福，時時刻刻都很開心。

然而，幾乎每個與問題父母劃清界線，保持距離的人都是說：

「現在的我，每天都過得很安穩」。

事實上，當你開始自由自在地獨立生活後，與其說是情緒高漲，更像是**心靈回歸到平靜安穩的狀態**。

當一個人的身心都獨立時，不僅不會有太多的迷惘，也不會再有強烈的恐懼跟緊張感。

因為不管父母說了什麼，他們還是可以根據自己的感受做出選擇跟決定，所以也不會感到焦慮。與此同時，因為從隨時可能受傷的壓力中解脫，他們的心也能夠保持平靜安穩。

活出獨立自主、心理踏實的人生，再也不會感到焦躁或是不安，每一天都過得安穩自在。

請別再為了親子關係感到煩惱，早日回歸平靜安穩的日常生活吧！

【本章重點】

「設定界線」並非拋棄父母，而是回歸到正常的親子關係。

透過在價值觀、情緒跟責任上設定界線，不僅身為子女的你能夠脫離父母，父母也終能脫離子女獨立。這是心理健全的父母及成長於健全家庭的子女，理所當然應該擁有的正常關係。

無論是你或是父母，彼此都應該將目標放在活出獨立自主的人生之上。

4

成人親子關係諮商案例分析

本章將透過五個諮商案例，介紹親子關係中常見的困擾。

請各位在閱讀的同時，將個人經歷與所述案例進行比對。這麼做不僅有助於更快察覺父母可能面臨的心理問題，還能同步學習解決之道，從中獲得改善靈感。

與父母設定界線的那些人們

哪個案例與你的狀況最為接近？

那些基於愧疚跟恐懼而對離開父母感到猶豫的人，肯定會想知道「究竟該怎麼做，才能減輕罪惡感？」，以及「到底要怎麼做，才能讓父母甘願放棄？」。

本章將介紹五位成功從痛苦的親子關係中解脫，並重新奪回人生的成年子女案例，而這五個故事都是以我在諮商中常聽到的內容作為基礎寫成的虛構故事。

正如這些已經成功實現自由人生的案例，期望各位也能透過以下的故事，了解到成年子女應該如何重塑親子關係，從而活出獨立自主的人生。

請各位仔細觀察每個案例中**父母的言語和行動**，以及**成年子女在面對有心理問題的父母時所呈現的心理狀態**。

你的父母經常說的話，或是常見的行為是否有出現在故事情節中呢？若是相符，請將故事主角與你自己的感受進行比較。

以下故事已盡可能還原實際晤談過程中所提及的內容，以及諮商心理師所提供的建議與支持。

正如許多成功重獲新生的人們，我希望這些故事能幫助各位了解，成年子女在重塑親子關係後，活出獨立自主人生的歷程。

如果當中有與你情況相近的案例，也請務必作為借鏡。

【Case1】

從日常生活到人際關係都被父母嚴密監控的七海小姐

七海小姐（化名）28歲　公務員

奪命連環扣與從未間斷的訊息騷擾

七海小姐已搬離位於關東近郊的老家，目前獨自一人居住在同個縣市。父母在七海小姐十四歲時離異，自此之後七海小姐就跟著母親一起生活。從小就常目睹父母爭吵不休，每個晚上家裡都充斥著父母互相吼叫的聲音，逼得她只能用枕頭摀住耳朵，勉強忍受。

在感受不到心靈平靜的家庭中成長，七海小姐坦言，父母離婚讓她有種如釋重負的感覺。

「我真的很感激母親獨自一人將我拉拔長大，但老實說，她讓我覺得壓力很大。」七海小姐正為了母女關係而感到煩惱。

當初在找工作時，她的內心就已盤算好，希望找個儘可能離家遠一點的公司。但是母親堅持要她不准離開縣內，而且要求她必須找個穩定的工作。最後，七海小姐勉為其難地選擇在縣內擔任公務員。若是擔任縣府僱員，說不定就可以搬到離家遠一點的地方獨居，這是她退而求其次的選擇。

運氣不錯的是，她被分發到離家較遠的單位服務。不過，自從開始獨自生活之後，每天來自母親的訊息跟電話就變得非常頻繁。內容多半是「什麼時候下班？」、「什麼時候要回家？」、「同事都是些什麼樣的人？」、「妳都跟什麼人來往？」……。

只要訊息回得稍微慢一點，電話馬上就會打來，而且很激動地質問：「為什麼不接電話？是不是有什麼事瞞著媽媽？」。

七海小姐對這樣的生活感到心力交瘁。

她的精神狀態已經被逼到隨時都可能崩潰的地步。

媽媽哭喊著威脅「斷絕母女關係」

當她實在忍無可忍，開口對母親說：

「我已經不是小孩子了，拜託妳不要管那麼多！」

沒想到母親聽到後，竟然大聲哭喊：「如果不想被我管的話，就斷絕母女關係！」。

「我媽從以前就是這樣，只要不順從她的意見，就會嚷嚷著要『斷絕母女關係』。每次聽到她這樣講，我就不知道該說什麼。而且接下來她會連續好幾個小時跳針碎念『妳竟然這樣傷害媽媽』、『我居然被自己唯一的女兒給背叛了』，然後無視我、把我當成空氣，甚至還曾狂傳訊息，說自己『乾脆去死一死算了』。」

即使已經出了社會，也和母親分開居住，七海小姐卻還是過著每天看著母親臉

色生活的日子，成天提心吊膽，害怕又惹媽媽不開心。

後來，她與職場上認識的一位男性開始交往。

有天，這名男性向七海小姐求婚了。

七海小姐非常開心，但與此同時，她也開始煩惱該如何向母親開口。

當七海小姐委婉地告訴媽媽自己被求婚的事時，媽媽劈頭就問：「那我該怎麼辦？我老了誰來照顧我？是不是要放我一個人？那我乾脆去死一死好了！」，接著還說：「我這麼辛苦把妳拉拔長大，還在想著妳什麼時候要開始報恩，沒想到妳竟然這樣背叛我！」，然後又開始上演一哭二鬧三上吊的老戲碼。

為了不要惹媽媽不開心，七海小姐一直小心翼翼地生活著，努力撐到現在。但她最不希望發生的事情終究還是發生了，這讓她感到非常難過。

與此同時，她赫然想起母親從小到大告誡自己的話：「除了家人以外，誰都不能相信！任何人都可能會利用妳，唯一能相信的只有自己的家人，所以妳要永遠跟媽媽在一起！」。

七海小姐忍不住想，再這樣下去，自己只能一輩子看著母親的臉色過活，忍受母親對自己的決定指手畫腳，甚至未來如果母親生病，自己還得負起照顧的責任。一想到自己的人生可能就這樣毀了，她不禁害怕了起來……

為了解決這個困境，七海小姐選擇透過諮商的方式尋求協助。

在父母與自己的責任之間設定界線

聽了七海小姐的故事後，我發現她對於母親已經產生非常強烈的恐懼感。恐懼讓她整個人處於緊張狀態，無法靜下心來好好思考未來。

七海小姐在思考問題時，大多採取迴避策略，以「不惹媽媽生氣」為最優先。

恐懼感是一種極度害怕自己珍惜的東西可能會被剝奪、破壞時所產生的情緒。我認為，恐懼感已經奪走七海小姐冷靜判斷的能力，因此決定從降低恐懼感開始幫助她脫離困境。

我所做的，就是跟七海小姐一起針對未來可能會發生的狀況做出預測，並提出未雨綢繆的因應對策。

此外，我認為無論七海小姐的母親說什麼，她都應該相信自己的想法並沒有錯。因此我同時透過諮商，幫助她建立自信。

透過諮商，七海小姐學到以下五件事：

1. 有強烈依附傾向的父母，喜歡在孩子面前埋怨或說別人壞話。
2. 使用「斷絕母女關係」，或是「我要死給你看」等話語的父母，是希望藉由情緒勒索，引發孩子的罪惡感，意圖迫使子女順服、接受父母依賴，以達到控制孩子之目的。
3. 如果七海小姐繼續讓母親依賴著她，就等同於阻礙母親邁向獨立。
4. 要是母親始終缺乏自立心態，總是想依賴他人而不願意靠自己的力量活下去，那麼她對七海小姐的執念將永遠不會消失。
5. 與母親保持距離，不再接受母親的依賴，將有助於培養母親的精神獨立，讓自己放心地脫離母親。

當七海小姐回顧自己過去與母親的關係時，才意識到母親有多麼地依賴她，以及自己為此無端浪費了多少時間。

在此之前，她一直認為自己必須對母親心存感激；但隨著她學會辨認母親與自己的責任之後，她終於意識到自己再也不想為了母親而壓抑自己的人生、不打算再犧牲自我，更不願剝奪母親獨立自主的權利。

因此，她決定不再害怕與順從母親。

從母親身上已經感受不到任何信任感的七海小姐，最終決定與母親斷絕關係。

恐懼是自己所製造出來的錯覺

為了傳達至今無法言說的心情，七海小姐寫了一封信給母親。

雖然已經決定跟母親斷絕關係，但七海小姐在面對母親時還是會感到恐懼，因此，她判斷自己無法當著母親的面說出真心話，選擇以紙筆代言。

——從小到大，我都只是為了不想被媽媽傷害，所以才會順著媽媽的意，但其實我很早就想逃了。

——我的生活被媽媽嚴密監控，根本無法活出自我。

——希望妳別再依賴孩子，請靠自己的力量活下去。

——我對媽媽已經不再有任何信任感跟安全感了。

——無論妳說什麼，我所寫在這封信上的事情都不會改變。

此外，考慮到母親的執念極深，很可能會到公司堵人，我建議七海小姐直接向直屬上司說明緣由，委請上司果斷拒絕母親來訪。

正好七海小姐的住處租約也快到期了，我建議她趁此機會搬家。為了不讓母親查到新地址，我建議她親赴警察局和市公所，申請「住民票查閱權限限制※」的安全保護措施。

送出這封信後，果不其然，七海小姐的母親開始奪命連環扣。

考慮到電話上的應答並不適合對母親仍有強烈恐懼感的七海小姐，我建議她不要接電話。

接著，母親傳了好幾十則訊息過來。

面對排山倒海而來的訊息，七海小姐並未因此感到慌張，我陪著她一起思考要如何回覆並拒絕。七海小姐已經學會正確的拒絕方法，也知道該怎麼做才能讓母親放棄，因此她持續執行在諮商過程中所學到的各種方法。

具體來說，就是秉持著「無論母親怎麼認為，我的想法都不會改變」、「無論母親說了什麼，我的人生都該由我自己決定」的理念，以及使用明確劃分界線的語言，展現出「我不會再接受妳的依賴，也不會再讓妳操弄，更不會因此產生罪惡感」的態度。

（※）住民票查閱權限限制：日本政府針對遭受家暴（ＤＶ）、跟蹤騷擾等行為，以及來自於父母的虐待或類似行為的受害者，可透過向市區町村公所聲請安全保護措施，限制加害人查閱其「住民基本台帳（類似台灣的戶籍謄本）部份抄本」、「住民票等抄本」以及「戶籍附票抄本」等個資之政策。

到了第三天，雖然母親仍然嚷嚷著「我要跟妳斷絕母女關係」、「我要死給妳看」，但七海小姐已經不為所動。

她已經明白，這是母親為了讓她感到內疚才故意說的話。

母親亦曾打過幾通電話到七海小姐的公司，不過主管也配合地做出應對。大約一週之後，母親漸漸地就銷聲匿跡了。

雖然在短時間內發生這麼多事，但當現在的七海小姐談到自己過去為何如此害怕母親時，她是這麼說的：

「我之所以會覺得媽媽很恐怖，純粹都是我自己想像出來的錯覺。現在的我已經不再害怕了。」

幾個月後，七海小姐捎來結婚喜訊。

【Case 2】

活在父母期望下的達也先生

達也先生（化名）34 歲　醫師

把「我為了你吃了多少苦」當口頭禪的父母

達也先生任職於東京都內的醫院。

「我媽要我回家繼承我爸的診所，但我想留在東京，有沒有什麼辦法，可以讓父母理解我的想法呢？」

達也先生提到，自己曾多次往返老家，試圖說服父母理解他的想法。

但是，父母卻只是一味地否定他，讓他開始擔心父母會不會永遠都無法體諒他，也擔心自己會因此無法向前邁進。

達也先生的父親成長在一個父母皆是上班族的家庭，後來成為醫師，目前自行開業行醫。

達也先生的母親則是個家庭主婦，母親的父親跟外公也是醫師，他的兩位舅舅亦為醫師，正是所謂的醫師世家。

達也先生的父親當年被母親的外公相中，母親遵從外公的命令，嫁給對方。達也先生從小到大，就常聽見母親埋怨：「都怪當年外公逼我結婚，真是無奈！」。父親在家總是一副唯我獨尊的態度，達也先生一直覺得，只能對父親忍氣吞聲的母親很可憐。

然而，當他向母親表示自己想從事心目中的理想工作時，卻被指責「你這樣是背叛父母！」。即使他努力地解釋「事情不是這樣」，但母親卻哭喊著說：「我為了孩子付出一切，從沒想過有天你竟然會這樣對我！」。

父親也責怪他：「不准這樣傷害媽媽！你以為你能有今天，都是誰的功勞？」，這種被父母否定的日子持續了好幾年。

達也先生說：

「我媽從以前就經常把『我為了孩子吃了多少苦』掛在嘴邊。只要稍有不順她意，就會馬上暴怒，整個人變得歇斯底里。」

「我爸也會責怪我。他老是說：『不要為難你媽媽』，或是『為什麼你就是不聽媽媽的話呢？』之類的話。」

有著這般經歷的達也先生表示，只要媽媽一哭，他的內心就會產生一股強烈的罪惡感。

「都是因為我不夠好，所以媽媽才會那麼難過。」

「都是因為我讓媽媽難過，所以爸爸才會生氣。」

「都是因為我是個壞孩子，所以他們都不相信我。」

為了不讓母親難過，他拼命地用功讀書，學業成績總是名列前茅。進醫學院就讀也是為了滿足父母的期待，選擇走上跟父親同樣的道路。

但是在他心裡，隱隱約約覺得自己並沒有活出屬於自己的人生。

對父母的喜好瞭若指掌，卻不知道自己喜歡什麼……

孩子之所以會對父母懷有強烈的罪惡感，是因為每個人都有「希望得到父母的愛」的本能。

因此，每當看到父母傷心難過時，孩子就會責怪自己。他們會選擇放棄自己想做的事，順從父母的指示，因為如果不這麼做，就無法得到父母的關愛。

達也先生也是這樣。

為了得到父母的關愛，他被迫選擇了滿足母親期待的生活方式。

然而，這種滿足他人期待的生活方式持續了幾十年之後，人會開始搞不清楚自己究竟喜歡什麼、不喜歡什麼。於是達也先生在不知不覺中，變成一個只知道父母的喜好，卻對自己一無所知的人。

針對這樣的個案，我所採取的第一步行動，是探究達也先生父母的言語及行為背後的心理成因。我與達也先生進行晤談，了解他父母過去曾說過的話語、表現出的態度跟行為後加以分析。

總結而出的是以下四件事：

1. 達也先生的母親也是在外公的控制下長大，她很可能因為未曾擁有過自由的人生，而陷入一種失去自我的漩渦當中。
2. 母親對於自己當年遵從外公命令，嫁給達也先生的父親感到強烈的懊悔，為了逃離這份負面情緒，她選擇將所有心思都放在「把兒子培養成自己理想中的模樣」，藉此轉移注意力，甚至以此作為自己的人生目標。
3. 達也先生的母親知道，只要讓兒子看到自己悲傷的樣子，就能繼續控制兒子；而父親則是在沒有意識到這一點的狀況下，選擇跟母親站在同一陣線。丈夫義氣相挺的態度讓母親感到安心，間接加劇了她歇斯底里的程度。
4. 達也先生長期以來遭到父母情緒勒索，導致他背負著強烈的罪惡感，處處受到控制。

達也先生從小到大都以為爸媽之所以會感到悲傷難過，都是自己的錯。當他得知自己其實是因為母親個人的問題而遭受控制時，一方面感到非常震驚，另一方面也有種如釋重負的感覺。

這是因為他終於明白，自己並沒有傷害父母，也沒有背叛他們，這一切只是出於媽媽一廂情願地想把兒子培養成自己理想中的模樣而已。得知這點，讓他減輕了不少罪惡感。

在父母與自己的感受之間設定界線

接下來達也先生要努力的，就是學習在父母的感受與自己的感受之間設定界線。

擺脫「我的父母之所以會感到傷心，都是因為我沒有達到他們的期望」這種錯誤觀念，這正是那些多次被父母越界傷害的人常會有的典型思考方式。

與此同時，他也必須明白心理健全的父母不會對孩子情緒勒索，而且會相信孩子可以決定自己的人生。

如果父母把期待寄託在孩子身上，而且理所當然地認為孩子應該滿足自己的期待，那麼一旦期待落空，父母就很容易會以為自己是被害者，說出「我為了孩子，吃了那麼多苦」之類的話。

達也先生開始回頭審視父母過去所對他說過的話，以及他個人深植在心裡的核心信念，一項一項地對於父母與自己的責任設定界線。

透過這些行動，他終於能夠在父母的人生與自己的人生之間設定明確的界線。

「我終於可以過我自己的人生了！」，說出這句話的達也先生彷彿鬆了一大口氣，如釋重負。

下定決心，為自己而活

成功設定界線後，接下來就要思考該如何將感受告訴父母。

除非將感受化為言語，否則對方永遠都不會知道。

一直以來，達也先生跟父母的對話總是圍繞在要不要繼承家業之上，從不曾提及他想「為自己而活」的決心，而這才是他應該要明確傳達給父母知道的。

——從小到大，為了不讓父母傷心，我一直都很努力。

——過去我曾經以為，身為兒子的責任就是不要讓父母傷心，但我之所以會照著你們的話去做，其實只是想得到父母的愛而已。

——過去，只有在我選擇父母所期待的生活方式時，我才能得到你們的稱讚；如今，我希望父母也能好好看看走向自己所選擇的路的我。

——如果繼續順從父母而活，對我來說，就等同於過著明明活著，卻猶如行屍走肉的人生。

——從今以後，我要自己思考、自己決定怎麼過活。

這些都是達也先生在接受諮商後，認為自己真心想傳達給父母，卻總是無法開口的真實感受。原本他考慮寫信傳達，但後來他說，自己若是沒有親口表達的話，說不定會後悔，於是決定回一趟老家親自坦言。

於是，我提醒了他幾個注意事項。

包括過程中如果感到愧疚、覺得快要撐不住時，請立即結束對話。以及就算父母怒罵指責、說自己被背叛也不需多加解釋，只要把決定好要說的話說完即可離開。

語畢，我目送著達也先生走出諮商室。

就算被父母否定，也能感到安心快樂

從老家回到東京後，達也先生立刻與我聯絡。

他說：「我媽哭著挽留我，但最後還是邊哭邊說我背叛了她。我爸還是一樣，跟我媽站在同一陣線，完全不顧慮我的心情，還對我說『以後都不必回家了！』。」

「但說出自己的心聲之後，我覺得舒服多了。一直以來我都以為做錯事的是我，但其實爸媽也在逃避、不願面對自己的問題。透過諮商，我才意識到自己不過是受到波及而已。」

一年後，達也先生告訴我，他的母親偶爾會與他聯絡。她已經不像以前那樣，成天嚷嚷著要他回去繼承家業，只有關心他身體好不好、工作順不順利等等，希望他偶爾也能主動跟家裡聯絡。

至於達也先生的父親則是完全無消無息，據母親所說，每當向他提起達也先生時，父親就會生氣。

雖然父親還是一樣霸道、母親對孩子的依賴心也還是偏重，但他並不討厭父母，所以會在不勉強自己的前提下，主動傳訊息關心父母。

最後，達也先生說了以下這段話：

「過去我做決定時，滿腦子都是『父母會怎麼想』，但現在我不必再擔心這些，心情變得萬分輕鬆。雖然父親還是拒絕承認這樣的我，但這也代表他正處於『甘願放棄』之前的最後階段，表示我已明確設定界線，感到格外地放心。現在我才明白，原來活出自己的人生是如此美好的事。」

【Case 3】

婚事遭到母親反對的麻衣小姐

麻衣小姐（化名）32歲　上班族

以門不當戶不對為由反對婚事的母親

麻衣小姐是家中的獨生女，與父母同住在東京都。現職為上市公司的人資部門人員。

「我的媽媽以雙方家世差太多為由，反對我與男友結婚。」

第一次諮商時，麻衣小姐滿面愁容地告訴我這件事。

陪伴在她身旁的，正是她的未婚夫豐先生（化名）。豐先生輕撫著她的背，表情充滿擔憂。

麻衣小姐的老家位於東京都內一處幽靜的住宅區。她的父親是一家眾所皆知的知名大企業高階主管。母親則在婚後成為專職家庭主婦。父親因為工作繁忙而經常不在家，因此麻衣小姐與母親關係格外親密。

「媽媽從以前就對我的學業成績跟升學表現要求極高，但我從未對此感到不滿。我一直以為她會對我的婚事給予祝福。」

「當我告訴她我有一個想要結婚的對象時，她並沒有特別反對，而是帶著微笑開心地傾聽。」

「但就在她知道我未婚夫的出身、學歷還有簡單的家世背景後，她的臉馬上垮下來，突然反對起我的婚事。」

麻衣小姐一邊訴說，淚水一邊從臉頰滑落。
看著她滿臉悲傷的樣子，我想她心裡一定對於母親的反應感到十分震驚。

「跟那種人結婚，妳肯定會變得不幸」

陪伴在麻衣小姐身旁的豐先生，從地方大學畢業後就開始在東京工作。
他來自東北地方，今年34歲。
他的父親是中小企業的一般員工，母親則有份兼職工作。
當麻衣小姐將豐先生的家世背景轉述給母親時，母親只撂下一句：「跟那種人結婚，妳是不會幸福的！」。
她還說了很多其他有的沒的話語，總之就是不看好這樁婚事。
「媽媽絕對會反對到底！」
「妳爸爸一定也不會答應！」

「兩家家世差太多，這種婚姻不可能會幸福！」
「我才不會把我重要的女兒交給那種人！」
「將來妳一定就會知道，媽媽說的都是對的！」

麻衣小姐的母親情緒相當激動，自顧自地持反對意見，完全不體諒女兒的心情。母親不斷勸說她放棄這段婚事，這樣的壓力逐漸讓她無法忍受。為了不再跟一個毫不聽取自己意見的人同住在一個屋簷下，她決定離家出走。

麻衣小姐來到諮商室的那天，距離她離家出走、躲到男友家，已經過了整整兩個禮拜。

母女之間情緒的過度融合

首先，我從分析麻衣小姐的心理狀態著手。我向她提出幾個疑問。

——妳與父母的關係如何？

——父母的婚姻狀態如何？

——父母對妳說過，讓妳印象最為深刻的話是什麼？

晤談過程中我逐漸發現，麻衣小姐的母親極度在意社會觀感，尤其對身份地位十分執著；她的父親則對家庭漠不關心。

她記得母親經常告誡她：「要上好學校、進好公司，成為一個無論在任何人面前提起，都不會讓媽媽感到丟臉的好小孩。」。

麻衣小姐將媽媽的話牢記在心，努力用功念書。

國高中都考上名門女校，後來進入知名大學，母親非常滿意她的升學表現。

只要她的成績稍微不那麼理想時，母親對她的態度似乎就會變得有些冷淡。為了討母親歡心，麻衣小姐更加努力地學習。

父親從以前就忙於工作，很少在家，即使偶爾有空，也只顧著出門打他喜歡的高爾夫球。基本上，麻衣小姐沒有什麼父親跟家人之間互動的記憶。

母親偶爾會埋怨對家庭漠不關心的父親。而每當母親向她抱怨時，麻衣小姐總是會安慰母親。

提及這段過去時，麻衣小姐才意識到，原來自己一直都對媽媽有著很強烈的愧疚感。

——我不想讓媽媽傷心。

——我不能丟下媽媽一個人。

——媽媽好可憐，我一定要好好陪伴她才行！

因為這些想法，麻衣小姐對於自己無法讓媽媽快樂感到非常自責。她的心與媽媽的心緊密相連，幾乎沒有界線。

事實上，**麻衣小姐過的是母親的人生**。她穿著能讓母親感到驕傲的學校制服、進入母親滿意的公司上班，誤以為這一切也是為了自己的幸福著想。

然而，太投入於走在母親鋪設的理想人生道路，麻衣小姐在不知不覺間犧牲了自己的感受，處於一種將所有精力都奉獻給母親的狀態。

當我告訴她我的觀察時，麻衣小姐雖然震驚，但同時也對我的觀點表示認同。

從小到大，無論在學業或是交友方面，她都是按照母親的標準行事。麻衣小姐回想，自己其實有許多想嘗試看看的事物，但只要母親反對，她就會壓抑自己的情緒，告訴自己「聽媽媽的準沒錯」。

在母親與自己的價值觀之間設定界線

分析完麻衣小姐母親的心理狀態後，我歸納出以下三點：

1. 母親認為「自己所認定的幸福」等於「麻衣小姐本人所認定的幸福」。
2. 母親認為「門不當戶不對的結婚對象會損害女兒的身份地位，降低女兒的價值」。
3. 母女之間情緒過度融合的狀態如果不解決的話，未來母親只會繼續將自己的理想加諸在女兒身上，麻衣小姐永遠都得過著自我犧牲的人生。

聽完我的分析，麻衣小姐這才意識到自己至今與母親的關係有多麼地不正常。她說：「就算母親反對，我也希望能嫁給豐先生。但是可以的話，我也想回歸正常的母女關係。」。

接下來首要解決的課題，是如何減輕麻衣小姐強烈的罪惡感。這份罪惡感正是導致母女之間情緒過度融合的根本原因。

想要逃離這個困境，就必須在母女之間設定清楚的界線。在歷經多次的諮商之後，麻衣小姐了解到，**母親的價值觀與自己的本來就不一樣，對母親情緒性的發言也不需要覺得內疚**。她學會對母親一直以來的言語跟態度抱持疑惑，也慢慢地建立起對自己的信心。

後來，麻衣小姐寫了一封信給母親。

信上鉅細彌遺地描述了她從小到大對母親的真實感受，以及過去的自己總是因為顧慮母親的想法而壓抑了自我。

此外她也告訴母親，雖然母親希望麻衣小姐能夠得到幸福的心意讓她非常感動，但同時也因此感到受傷。她以最明確且直接的文字向母親表達，她的價值觀與母親的有所不同。她所認定的幸福並非社會地位的提升，而是能與心意相通的人，共同建立一個溫暖的家庭。

最後她還寫道，如果母親繼續反對這段婚事，讓她受到更大的傷害的話，她真的會因此討厭母親。

藉由將自己的感受化為文字、寫成書信，麻衣小姐終於成功地與母親設定界線，同時也擺脫了罪惡感。這一刻，她清楚地意識到，「自己的人生選擇可以跟母親的理想有所不同」。

至於寫信時的注意事項，我會在第 5 章詳細解說。

不被罪惡感箝制的自由人生

這封信寄出一週後，麻衣小姐收到了來自母親的回信。

內容不長，麻衣小姐的母親只簡單寫道：「對不起，媽媽只是希望妳能幸福，沒有想到這麼做正是把自己的情緒加諸在妳身上。婚姻是妳自己的決定，請和他一起建立一個溫暖的家吧！」。

麻衣小姐很開心地跟我分享這個好消息。

之後，母親不再反對麻衣小姐的婚事，她順利地跟豐先生結了婚，現在跟孩子三個人一起過著幸福快樂的日子。

麻衣小姐還告訴我，她跟母親之間的關係變得比以前輕鬆許多。

唯一沒有改變的是，她的父親依舊對家裡默不關心。

她說，雖然偶爾母親還是會想在她面前埋怨父親，但每次她都會明確地告訴母親：「我已經不想再聽妳說這種事了。」。

這是你們夫妻之間的問題，不是我的。

母親的生活方式跟我的不一樣。

母親對於幸福的定義也跟我不一樣。

與母親設定界線後，麻衣小姐對自己的想法建立起自信，她終於能過上不必再被罪惡感箝制的自由人生。

【Case 4】

不堪母親在金錢上索求無度的亮太先生

亮太先生(化名)29歲 上班族

與母親之間的痛苦回憶再度浮現

亮太先生與母親同住在關西地區。

「我該怎麼做，才能脫離母子關係的牢籠？再這樣下去，我連婚都結不了。我好怕自己一輩子都得受到母親的擺佈，賺來的錢也會通通被她拿走。」

說出這些話的亮太先生，對自己的未來感到非常擔憂，幾乎已經到了時時刻刻都感到坐立難安的程度。

亮太先生的母親於幾年前退休，由於沒有工作也沒有收入，母親便開口要他回家同住，而他也按照母親的要求返回老家。

然而，這正是一切錯誤的開始。

「我從以前就覺得媽媽有點可怕，但我沒有意識到她其實並不正常。」

「當我返回老家之後，我發現她變得很情緒化，尤其易怒。此時我才突然回想起，自己小時候也有好幾次被激動暴怒的母親毆打的記憶。」

「即使我已經長大，我媽還是常覺得我不夠努力，嫌我不夠重視她，成天對我亂發脾氣。雖然現在才這麼說，好像已經太遲了，但是我真的好後悔自己答應回家跟她同住。請告訴我，有沒有什麼方法可以讓我脫離這個可怕的媽媽？」

亮太先生在幼年時就曾遭受母親的暴力對待。

從他懂事開始，家中就沒有父親的角色，家庭成員只有母親、妹妹與亮太先生三人。

每天看著母親亂發脾氣、大吼大叫，亮太先生總是精神緊繃，待在家時從不曾感到安心。他說，他總是擔心自己不知道什麼時候會挨罵或是受罰。

然而，他似乎一直以為，會惹母親生氣都是自己的錯。

因為他相信了母親所說的「我是為了你好才會罵你」。

「我懷胎十個月，辛辛苦苦生下你，這是你欠我的！」

從剛出社會開始，亮太先生就會寄錢回家給母親。

從他開始上班以後，母親就著手準備退休。生活上幾乎完全仰賴兒子的薪水。

亮太先生每個月會給母親十萬日圓。除此之外，家庭大大小小的開支也都由他一手包辦。

他之所以這麼做，是因為母親患有輕度的聽覺障礙，大概是有時會聽不太清楚談話聲音的程度，基本上並不至於影響日常生活。亮太先生經常聽到母親抱怨：

「我聽力那麼差，但我還是很努力生活啊！」」。

常聽母親埋怨「工作實在太辛苦了，我沒辦法再做下去了」，使他認為母親這麼辛苦，都是為了養家糊口。因此他也告訴自己，照顧母親是做兒子的責任，不斷給予母親金錢上的支援。

可是，當他看到母親把錢花在自己的嗜好、帶著妹妹一起去旅遊，或給妹妹零用錢花用時，他忍不住開始懷疑，母親真的像她口中說的這麼「辛苦」嗎？

老實說，亮太先生的生活可說是非常拮据，有好幾個月幾乎見底，完全沒有多餘的錢可以儲蓄。

母親領有老年年金，照理來說，生活應該不至於會為錢所困。但母親總是以「長男奉養母親本來就是應該的」為由，大剌剌地向他開口要錢。明明在他看來，母親花錢的方式似乎一點都不知節制。

儘管如此，他卻也不敢跟母親說些什麼，因為要是對她提出意見，說不定又會被莫名其妙地找碴。想到這點，亮太先生就覺得害怕得不得了。

他的母親是那種稍有不爽，就會把「我可是懷胎十個月，辛辛苦苦才把你生下來，所以這是你欠我的！」拿出來說嘴的人。光是想到自己可能會被攻擊，亮太先生就會感到萬分緊張。

聽完他的敘述，我能感受到他已經完全被對母親的恐懼感所支配了。

再這樣下去，我的人生就要被母親毀了

亮太先生擔心再繼續這樣下去，人生就要毀了，因此很努力地想尋求協助。

他的意志相當堅定，決定要斷絕母子關係。

直到他察覺到自己的心意之前，他都一直以為，只要自己夠努力，或許就能走向良好的親子關係。

然而，他終於意識到，這是再怎麼努力都不可能會實現的奢望。

只是，他很猶豫是否真的要做到跟母親斷絕關係的程度，也很擔心自己會不會因此受到旁人的責難。

他之所以會尋求諮商協助，主要也是想聽聽看專家的意見。

當我告知亮太先生如何評估是否該與父母斷絕關係的判斷標準時，他表示自己已經完全無法相信自己的母親了。關於「斷絕關係」的判斷標準，我會在第5章詳盡解說。

與再也無法信任的人斷絕關係絕非壞事

我首先向亮太先生分析母親的心理問題。分析結果主要包括以下三項：

1. 母親心智上並不成熟，她很可能是打從心底就不想靠自己力量活下去的依賴型父母。
2. 母親無法控制自己的情緒，有很嚴重的受害者心態。
3. 隨著年齡增長，依賴心只會越來越重。到時候若是亮太先生想脫離年邁的母親，勢必會感受到更強烈的罪惡感。

此外，根據上述分析結果，我也事先預測了亮太先生的母親可能會採取的行動。

有心理情結的父母，只要事情不順己意，就很容易把自己放在被害者的位置，開始對他人進行攻擊。

既然她平常就老愛把「我可是懷胎十個月，辛辛苦苦才把你生下來，所以這是你欠我的」當作口頭禪，不用多想就能預測到，她肯定會老調重彈，並以「不照顧父母就是不孝」來攻擊亮太先生。

再者，亮太先生的「妹妹」有極高的可能性會選擇站在母親那邊。母親十分寵溺妹妹，經常把亮太先生給她的生活費，轉交給早已出社會工作的妹妹。我判斷妹妹跟母親的關係親密，又經常從母親身上得到好處，因此很可能完全沒有意識到母親的心理問題。

況且妹妹從小就常靠著跟母親打亮太先生的小報告明哲保身，因此我假設妹妹會站在母親那邊，並且針對這點思考對策。

透過諮商，亮太先生已經學會如何分辨父母的心理是否健全。面對心理不健全的母親時，他也學會如何判斷自己想採取的行動究竟是對或錯，同時練習在心理上與母親劃清界線。

亮太先生下定決定，再也不想受到母親的傷害、再也不想讓自己努力工作賺來的錢被隨意剝奪。他終於明確認知到，跟一個自己完全無法信任的人斷絕關係，其實並不是件壞事，就算對方是自己的母親也絕無例外。

來自母親的最後訊息

在亮太先生決定搬走的前一個月，他先在母親不知情的狀況下租了一間房子。與此同時，他也開始著手準備寫一封離家時要留在家中的告別信。

我告訴他，如果不解釋就直接離開家時可能面臨的風險。

在完全不知道原因的情況下就被疏遠的父母，會擔心孩子是否遭到誘拐，或者捲入糾紛，會不顧一切尋找孩子的下落。

有些父母甚至會直接前往子女的工作場所，或到處向子女的朋友打探消息。總之，問題只會越變越複雜。

亮太先生聽完後表示：「我不希望我所重視的人和我所珍惜的容身之處受到任何傷害，而且如果不告而別，將來我一定會感到後悔。我會寫一封信，好好傳達我的想法。」。

內容主要告訴母親，離家是出於自己的意願，以及從今以後不會再提供任何金錢上的支援、不會再與母親同住，未來也不會負責照顧她。

這封信也算是把他到目前為止，出於對母親的恐懼而不敢說出口的真實感受，全部都寫出來了。

在正式離開家之前，亮太先生也已事先申請住民票查閱權限限制的保護措施。

我們在諮商過程中製作證明資料※，證實亮太先生過去曾經遭受母親虐待。

接著，前往新住處轄區的警察局跟市公所，出示證明資料，說明自己從小到大遭受母親辱罵和肢體暴力的經驗，正式提出申請。

透過上述安全保護措施，亮太先生的母親將無權查閱他的住民票及戶籍附票抄本，未來也很難找到他的新住址。

接下來就是向公司主管說明事件的來龍去脈，請主管理解並協助婉拒所有與業務無關的聯繫跟拜訪。

終於到了離家這一天，亮太先生把信放在客廳的桌子上，趁著母親還在睡覺時，悄悄地離開了這個家。

果不其然，亮太先生的母親打了好幾十通電話過來。還傳來好幾十封訊息。

亮太先生害怕到雙腳顫抖，但是他仍然鼓起勇氣，把在諮商中學到的方法一個一個拿出來運用，堅定地拒絕了母親。

他還收到了來自妹妹的訊息。內容除了幫媽媽說話之外，還批評了亮太先生的作為，不過他同樣沒有理會。

（※）證明資料：指日本國民在申請住民票查閱權限限制的保護措施時，為使警政人員及相關公部門人員客觀了解過去事件來龍去脈而準備的說明文件。

身為諮商心理師，我與亮太先生保持密切聯繫，確保自己能同步得知他接收到的所有訊息，並與他共同思考因應對策。

大概持續一週左右，漸漸地，他收到的訊息越來越少。母親傳來的最後一封訊息中寫道，**「要是我死了，都是你的錯！」**。在那之後，他就再也沒有收到來自母親或是妹妹的聯絡。

即使已經離家多年，亮太先生至今仍然每年都會前往警局與公所申請延長查閱權限限制令。

「畢竟我不確定自己的媽媽會做出什麼事情來，為了讓自己能夠安心生活，我決定每年申請延長。現在我完全不必擔心母親會找到我，日子每天都過得很輕鬆。」

說出這番話的亮太先生，臉上露出開朗的笑容。

【Case 5】

放不下懦弱的母親 而離不開家的美月小姐

美月小姐（化名）27歲 上班族

控制狂父親和唯唯諾諾的母親

美月小姐與父母同住在東京都內。

「公司有個可以派駐到國外工作的機會，但當我把這個消息告訴爸爸時，他竟然說：『就憑你，怎麼可能？』。」

「我看過老師的專欄，也知道我爸是典型的控制狂。我已經不想再被控制了，我好想脫離他。」

告訴我這些事情的同時，看得出來美月小姐必須很努力，才能克制住自己想哭的心情。

她的父親經營著一家顧問公司。

母親婚後在家擔任全職家庭主婦。

父親在家裡經常擺出強勢霸道的態度，使母親在父親面前總是抬不起頭。

美月小姐從小就經常目睹父親責備母親，但是當她詢問母親「為什麼不離婚」時，母親總是自暴自棄地說「要是沒有你爸爸，我沒辦法生活」。

美月小姐總會溫柔地安慰母親。

覺得被父親責罵的母親好可憐

父親從以前就是個凡事都要管到底的控制狂，除了控制母親之外，他也嚴密監控美月小姐的一舉一動和交友關係。

學生時代就被嚴格限制門禁時間，放學後也沒辦法跟朋友一起玩。

國中開始，雖然擁有屬於自己的手機，卻被父母限制，通訊錄上只能登載家裡的電話號碼跟父母的手機號碼。這種狀況一直持續到她成為大學生為止。

即使美月小姐央求母親「取消限制」，但是迫於對丈夫的恐懼，母親也只是要求美月小姐忍耐，完全不見任何改善。

久而久之，美月小姐開始覺得「怎麼做都無濟於事」。面對霸道的父親，她漸漸地不再把他當成父親看待，對於母親的情感也越來越冷淡。

出了社會之後，雖然不再有門禁，但父親時不時就會打電話過來查勤。

「說實在的，我根本不想理我爸，但只要想到媽媽可能會因為我而被罵，就覺得她很可憐。所以雖然心不甘情不願，我還是會為了媽媽，勉強順從爸爸。」

美月小姐的父親至今仍然試圖控制著她，每當事情並未按照他的期望發展時，就會大發雷霆，不斷貶低母親，甚至對她不屑一顧。

消除對母親的罪惡感

聽完美月小姐的故事，我發現讓她猶豫不決的真正原因，源自於對母親的愧疚情感。

對於自己把母親丟在蠻橫的父親身邊，只顧追求自己喜歡的事情，讓她充滿了罪惡感。

她告訴我：

「我對我爸已經沒有任何感情，但只要想到媽媽，我就好擔心。要是我派駐到國外工作，留下媽媽一個人，她會不會更不好過？」

針對美月小姐的狀況，首先必須解決的是導致她產生罪惡感的根源。她的心理狀態讓她誤以為母親的問題也是她的問題，而這正是她無法脫離母親自立的根本原因。

我整理出以下五點見解：

1. 該如何處理與父親之間的關係，是母親的課題，而不是美月小姐的。
2. 如果持續替母親承擔問題，母親只會越來越無法自行思考應對方式，最終很可能會形成依賴型人格。
3. 目前美月小姐與母親正處於一種母女角色逆轉的不正常狀態，美月小姐扮演著母親的角色，而母親反而扮演了女兒的角色。

4. 若是母女角色逆轉的狀態持續下去，美月小姐與母親之間的關係將會變得密不可分，彼此永遠無法活出屬於自己的人生。

5. 最重要的是，母親必須學會自己面對問題。如果不趁現在還有精神跟體力時好好面對，未來人生的選擇只會越來越少。

聽完我的分析之後，考慮到自己即將赴海外工作，美月小姐意識到自己解決問題的時間所剩不多。

同時她也意識到，若是希望母親能夠活出自己的人生，作為女兒的她能做的其實並不多，主要還是得靠母親自己拿出勇氣、面對問題，彼此才能朝向幸福邁進。

讓母親有所覺悟的一封信

接下來美月小姐要做的，是寫一封讓母親能夠有所覺悟的信。

話說回來，這封信的目的並不是要說服她的母親。母親的人生終歸由她本人自己決定，而不該是由身為女兒的美月小姐做主。

她在信中寫道：

——我從小到大都承受著來自父親的傷害，從今以後再也不願受其支配。

——無論是自己或者母親的人生，都不是屬於父親的東西。

——母親的人生接下來想怎麼過，由母親本人自己決定。我已經決定過我自己的人生，往後再也不會負責安慰母親。

——倘若母親決定走出自己的人生，身為女兒將盡己所能支持她，也願意延續這段母女關係。

在父親不知情的情況下，美月小姐悄悄地開始準備赴海外工作。她事先把信交給母親，告知自己的決心。然後寫了一封簡短的信給父親，表示出國工作是為了自己，無論父親說什麼，她都不會改變主意。她把信留在父親的書房後，就離開了日本。

母女各自活出獨立的人生

赴海外工作後大約半年，美月小姐表示想跟我聊聊家庭狀況的進展，於是我們透過視訊的方式進行諮商。

她告訴我，母親已經跟父親分居了。

美月小姐離開日本後，母親因為不堪父親的叫囂跟辱罵，嚇得逃到妹妹家避難。母親好幾次發訊息問她：「究竟該怎麼辦才好？」，但美月小姐只告訴母親：「這是媽媽自己該解決的問題。」，並沒有出手幫助或安慰她。

她說，最近母親終於下定決心要跟父親離婚，接下來會開始進行離婚調解。

美月小姐說道：「原來以前我一直都用錯方法支持媽媽，如果我能早點意識到問題，說不定媽媽跟我就不會無端受這麼多苦了。」

我告訴她：「沒關係，妳會這麼想就代表同樣的事不會再發生第二次。妳能夠把痛苦轉化為學習，真的非常了不起！」，然後她笑著向我道謝。

本章節中介紹了五個案例。

各位是否能從中找到和你的親子關係類似的案例呢？

無論你現在正處於哪種關係當中，只要能夠往前邁出一步，就足以讓狀況往好的方向推進。

下個章節裡，我會介紹設立界線以及與父母保持距離的具體方法。

5

與父母
保持距離的方法
及注意事項

本章將詳細介紹，當成年子女欲與有心理情結的父母設定界線時，應該從何著手、如何行動，以及必須注意哪些事項。

終結父母的期望與執著的方法

以讓父母甘願放棄為目的

想要改變與問題父母之間的關係，最重要的是不要讓父母持續抱有能夠控制你的期待，必須讓他們甘願放棄。

但是，這並不代表你必須說服父母，讓他們主動放棄控制你的想法。你可以透過行動，讓父母明白無論他們怎麼做都無法成功地控制你，在他們腦中埋下「反正怎麼做都不會成功」的印象。

為了實現這個目標，**你必須向父母展現出既不受控制，也不被支配或者依賴的態度。**

這麼一來，父母就會明白子女並不會實現他們的期待。

藉由以相同態度拒絕「四次」來讓父母放棄

為了讓父母放棄，你必須用言語表達出真實感受，並清楚展現堅定拒絕的態度，而且之後也必須說到做到。

一次又一次地不斷展現出堅決的態度非常重要。

理論上，必須拒絕「四次」。

第一次的結果肯定會在預料之中。父母不會因為你的一次拒絕就放棄。

要說為什麼的話，畢竟情況向來都是如此。

一直以來都是這樣，即使你不順從，父母仍會毫不在意地跨越界線，強行灌輸他們的意見並否認你的想法。而且過去這樣的做法向來能迫使你屈服。

長年以來，他們都用這種方法成功控制了你，所以父母便會下意識地認為，這次用同樣的方法也行得通。

第一次的拒絕還在父母的經驗值裡，沒有給他們帶來新的學習，他們對你的期待值仍然是百分之百。

第二次拒絕，讓父母認清控制難度

但是第二次你也必須堅定拒絕。

拒絕你不想做的事情，也不採取任何行動。

如果是你自己想做的事，即使沒有父母的認可你也會去做。

父母看到你的態度，發現你不再像以前那樣乖乖聽話，開始意識到控制的難度。但是他們會認為可能只是哪裡出了差錯，還是會試圖用過去的方法來操控你。

當父母發現老方法已經不管用時，他們會越來越焦慮不安。

到這個階段，他們對你的期待值還有百分之六十到八十的程度。

第三次拒絕，加強父母對事情不如預期的焦慮

雖然父母繼續否定你，但你仍必須堅定地拒絕第三次。

父母看到你仍不屈服，而且繼續採取行動，他們發現自己已經沒辦法像以前那樣控制你了。

還不死心的父母會試圖尋找其他方法，但也漸漸發現自己根本無計可施。因為希望繼續控制孩子，有些父母會放話要「斷絕親子關係」，或是威脅孩子「把以前花在你身上的錢還來」。

父母終於意識到他們無法再以過往的方式來控制你，而最後的手段就是激發你強烈的罪惡感。

到這個階段，他們對你的期待值大概降至百分之四十到六十的程度。

第四次拒絕，讓父母終於甘願放棄

就算父母威脅「斷絕親子關係」，你仍必須堅定拒絕第四次。這樣一來，父母終於徹底認清自己無論如何施壓都是無效。他們意識到「反正講了也是白講，只會讓自己更難過而已」，於是逐漸減少與你聯繫的頻率。

如果你跟父母分開居住，他們可能會將你留在老家的東西都寄給你。如果你們還住在一起，他們會表現得好像你是空氣，直接忽視你的存在。

在面對無論再怎麼施壓也不願屈服的孩子時，父母會表現出迴避心態，而這也代表了他們正處於完全放手之前的「拒絕」階段。走到這一步時，父母對你的期待值已經降到原來的一半以下。他們一邊做著最後的掙扎，一邊努力想要遺忘過去那個聽話的你。父母的心情從拒絕接受，漸漸轉化為甘願放棄。

來到這個階段，他們對你的期待值已經降到百分之二十到四十的程度。

堅定拒絕父母期待的四個階段
～被孩子拒絕時，父母的心境與對孩子期待值的變化～

❶雖然感到遺憾，但一切仍在預料之中

❷孩子未如自己預期般行動，父母開始感覺到控制上的難度，逐漸變得焦慮

❸焦慮指數越來越高，開始放話要「斷絕親子關係」

❹不願承認這樣的孩子，放棄對孩子有所期待

透過四次的拒絕，讓父母看到你不同以往的態度，了解到不能再隨心所欲地控制你。這使得他們原本的期待逐漸轉變成焦慮，再從焦慮轉為不想面對，態度趨向放棄。

最重要的是，**無論在任何情況下都必須堅定拒絕「四次」，秉持著「只要讓他們放棄的話就表示我成功了」的態度。**

父母對孩子會有各式各樣的期待，只有當你每次都展現出毅然決然的態度，才能夠讓父母累積「放棄」的經驗值。

忽視的話只會造成反效果

有些人可能會認為，只要忽視父母，他們遲早就會放棄。

但我必須老實說，這麼做只會造成反效果。

若以忽視來處理問題，只會推遲父母放棄的時機。

因為你並未明確地表現出拒絕，因此父母對你的期待值會始終維持在高點，不會下降。

而且，沒辦法跟你溝通的父母只會越來越焦慮。

為了消除心中的焦慮，他們肯定會緊咬不放地追著你跑。

雖然忽視就不需要跟父母交流，可能會讓你暫時有種鬆了口氣的感覺。

但是，內心深處依然會對遲遲不願放棄的父母感到恐懼，每天過著宛若逃亡般不自由的生活。因此我鼓勵大家，一定要明確地表現出拒絕的態度。

討厭的事直接說討厭、不能接受的事直接說不行，把內心真實的感受說出口，明確地拒絕，父母就會逐漸了解到，他們的干涉只會換來子女的拒絕和疏遠。

此外，只有在明確遭到拒絕後，才能成功強化他們心中「無論我做什麼都沒有用」的印象，讓他們更快地學會放棄。

明確拒絕，是你獲得自由的最短捷徑。

透過言語及態度表達自己的想法

表達想法時的三個注意事項

在與父母設定界線，釐清彼此的價值觀、感受跟責任之後，接著必須學習的是如何與父母相處。接下來會針對相處方式進行詳細解說。

最重要的是，讓父母知道**你和父母的價值觀不同，無論他們說什麼，你都不會改變心意。要是父母明知如此，卻仍持續試圖越界，那麼只會讓你離他們越來越遠。記住，你必須以言語跟態度明確表達出你的想法。**

注意事項包括以下三點。請把這三點視為一套基本配備，然後照著先前所說的，重複拒絕四次。

1. 明確告知父母，他們的言語跟態度讓你覺得很受傷。
2. 明確告知父母，自己的想法不會因為他們而有任何改變。
3. 明確告知父母，自己從今以後會如何行動，然後立刻遠離他們，儘早付諸行動。

〔例1〕如果父母反對你獨立……

1. 爸爸媽媽要怎麼想是你們的自由，但如果我認真考慮過後所做出的決定被你們給否定的話，我會很受傷。
2. 我已經下定決心，不管你們說什麼，我都不會改變我的想法。
3. 要是你們繼續否定我，我就不想再待在這個家了。（↓隨即從父母眼前離開／擇期租屋搬離）

〔例2〕如果父母反對你的婚事……

1. 經過認真考慮之後，我覺得跟這個人結婚會幸福，所以才做出這個決定。沒想到你們居然無法體諒，我覺得好難過。

2. 我已經盡到告知責任，且心意也不會改變，不管你們說什麼，我都會和他結婚。
3. 從小到大，就算我的想法跟爸媽不同，但我總是會聽從你們的意見。直到現在，我才發現這樣是不對的，我已經不想再忍耐了。如果你們還是不願意認可這樁婚事，那麼我跟你們之間就沒什麼好說的了。（↓隨即掛斷電話／發送拒絕訊息結束對話）

對父母抱有強烈恐懼感的人，建議透過寫信或傳訊息溝通

然而，對於非常害怕父母的人來說，要他們跟父母直球對決，當面回絕實在是太困難了。

在這種情況下，我們必須找到另一種即使對父母感到強烈恐懼的人也能夠應對的方法。

我認為最有效的是「寫信、寄電子郵件或傳訊息」。先取得物理上的安全距離，再以最能減輕自己心理負擔的方式讓父母放棄。

首先說明該如何利用信件溝通。

信中請具體描述你從小到大，每個年齡階段被父母的言語或態度所傷害過的具體事件。

從你的角度出發，詳細描述你在何時、何地、如何被傷害，以及你當下的感受。

接著，敘述過去你是出於對父母的恐懼而壓抑自己的情緒，選擇順從他們，以及你是如何因為內疚而強迫自己去做那些其實根本不想做的事。

這個時候，無論父母說了什麼，你都不必再感到迷惘。

也許他們會打電話來，或是回信反駁你，但是這只是因為他們仍然不願面對自己的問題，才會想把他們的價值觀、感受和責任繼續加諸在你的身上，試圖藉此來掌控你。請記住，這些都是父母自己的問題。

請秉持著始終如一的態度，向父母展現出符合你真實意願的想法（無論是透過口頭傳達或是文字溝通）。

更何況，你都已經長大成人，父母卻還是像過去那樣傷害你，你從他們身上根本感覺不到任何安全感跟信任感。因此你也必須在信中明確表達，自己的忍耐已經到達極限。

〈書信結構〉

①寫下那件讓你覺得與父母之間的關係已經到達忍耐極限的事，說明正是因為該事件的發生，才會促使你決定寫信來表達真實感受。

②寫下自己從小到大被父母所傷害的經歷。按照每個年齡階段，鉅細靡遺地寫出你在何時、何地，被以何種方式傷害，以及當下的感受等等。

③明確表達自己已經無法再接受這樣的親子關係。

④描述未來你將如何活出自我。

⑤寫下你希望父母停止或改善的行為。

⑥說明如果父母不願改變，未來你們的親子關係將會變得如何。

寫信時的注意事項

1. 如果同時寫給父母雙方，請務必各寫一封

請針對父母各自寫一封信。這麼做有助於他們更容易理解你所受到的痛苦。

2. 避免使用攻擊性或批判性的措辭

寫信的目的在於表達你過去所承受的痛苦，而非攻擊父母。如果內容帶有攻擊或批判性的措辭，可能會助長父母的對抗心態，導致他們更不願意放棄。

3. 將信件的主詞設定為自己，以被動語態書寫

請以自己作為主詞，並使用被動語態的方式來表達，例如「當我被媽媽說……時，我感到很難過」。以父母為主詞的話，容易讓父母覺得自己的話語權完全被你奪走了，自己是被攻擊的被害者。請務必特別小心這點。

請根據先前介紹過的〈書信結構〉，按照編號①～⑥的順序撰寫。

如此一來，就能夠透過信件明確交代疏遠父母的原因。理論上，這封信會使用在展現拒絕態度四次中的第一次。

如果父母不願接受信中所寫的內容，可以繼續透過電子郵件、社群軟體等文字訊息溝通，展現出第二次以後的堅決態度。

至於電子郵件與文字訊息的拒絕方法，我會在下個章節「回應父母問題發言的OK．NG範例」中做更詳盡的介紹。

回應父母問題發言時的OK·NG範例

如何在保持界線的同時，成功迴避父母的問題發言

接下來我們將探討孩子該如何回應有心理情結的父母，常對孩子說出口的問題言論（如第二章所述）；以及孩子如何明哲保身，保持親子之間的界線。以下將會透過具體的應對範例進行說明。

■當你向父母談論自己未來的夢想與想做的事情時，他們不但持反對態度，甚至還說：「不可能實現啦！我吃過的鹽比你吃過的米還多，我的判斷一定比較正確。」……

NG 「為什麼不行!?」、「我很努力好嗎?為什麼你們就是無法理解?」

NG 「……(為了得到認可,我一定要更努力)」

OK 「雖然你們沒辦法理解我,讓我感到很可惜,但不管你們說什麼,我的想法都不會改變。」

■當你告訴父母自己想離開家鄉,前往外地工作時,他們不但反對,還說:「大家都是留在老家找工作,住在家裡通勤上班,不用去外地。這裡的人都是這樣的啊!」……

NG 「哪有這種事?憑什麼擅自幫我決定!?」、「為什麼別人這樣做,我就也要跟著這麼做不可!?」

NG 「……(我得努力說服,直到他們理解為止)」

OK 「要在哪裡工作,由我自己決定。我做的決定也許在你們的眼裡看來是錯的,但我認為我有權利決定自己要過什麼樣的生活。」

■當你告訴父母想跟交往的人同居，結果父母卻說：「同居絕對沒好事！」、「你只不過是被他利用罷了，還是早點醒醒吧！」……

NG 「他才不是這種人！」、「我才沒有被利用！」

NG 「……（為什麼你們就是不能理解？）」

OK 「我已經是大人了，要跟誰交往是我的自由。從今以後，我的事我會自己決定。」

■當父母打了好幾通電話過來，責備你說：「讓父母擔心，就是你的不對」……

NG 「對不起，我下次會馬上接電話的。」

NG 「……（在父母息怒前，耐心聽父母碎念）」

OK 「我知道你們很擔心我，但我已經是大人了，我自己的事情我會自己決定。你們要是繼續這樣說的話，只會讓我更不想接電話，也不想回訊息。」

■當父母發現你瞞著他們，繼續和他們所反對的對象交往，因此憤怒地說道：「你居然背叛父母，傷害我們！你怎麼就是不能理解父母的心情呢？你這個不孝子／不孝女！」……

NG「他才不像你們想得那麼壞！」

NG「……（再這樣交往下去也不會有結果，只好跟對方分手）」

OK「你們這麼說，我真的很難過。難道你們認為，不管父母說什麼我都會照做嗎？我的人生是我自己的，要怎麼活也由我自己決定。」

■發現無論自己再怎麼說，你都不為所動，情緒激動的父母對你吼道：「我要跟你斷絕親子關係，我要死給你看！」……

NG「好好好，我知道了，拜託你不要說那種話。」

NG「……（要是真的斷絕關係該怎麼辦？要是他們真的死了，我該如何是好？）」

OK「如果你們決定要這麼做，那麼我也無能為力。就算你們這麼說，我也會去做我決定好的事。」

■當父母抱怨：「我養你好辛苦，花了很多錢！」……

NG「我也為你們付出很多好嗎？」、「是你們自己決定要把我生下來的，現在說這是什麼話？」

NG「……（父母為了我那麼辛苦，真得很對不起他們）」

NG「……（要是沒有生下我的話，父母就不會那麼辛苦了）」

OK「你們說的好像我就只是個麻煩，讓我好受傷。如果你們繼續這麼說的話，那我暫時都不會再理會你們。」

■當父母把責任推卸到你身上，對你說：「我們沒有離婚，還不都是為了你。」……

NG「……（我一定得多忍著點，不聽話的話只會更麻煩）」

NG「……（都是因為生了我，父母才會變得那麼不快樂）」

NG「講得好像都是我的錯？」、「好啊，如果沒有我，你們會過得比較開心對吧？早知道就不該生下我了吧！」

OK「請不要說得好像原因都出在我身上。決定生下我的是你們自己，要是你們再繼續這麼說，我就不想再見到你們了。」

■當父母總是對你說：「做子女的照顧父母是天經地義；照顧生病和年邁的父母更是子女的責任。」……

NG「……（每個人都在照顧父母，不能只有我這麼任性）」

NG「……（父母含辛茹苦把我養大，照顧他們也是沒辦法的事）」

NG「雖然我沒辦法天天照顧你，但如果只是某個程度的話，我一定全力配合。」

OK「的確有人會照顧自己的父母，但那純粹是出自他本人的意願。我有我自己的生活要過，沒辦法的事情就是沒辦法。雖然我這麼說可能會讓你們很失望，但請你們靠自己的力量活下去！」

為了保護自己跟重要的人而採取的因應措施

打造一個不會把重要的人牽扯進來的環境

接下來所要談的，是完全不顧孩子感受，危險性極高的父母才會有的行為。

如果你所面對的是危險性極高的父母，就不能使用前文所述的「表達真實感受後堅定拒絕」這個方法。你必須先為自己創造一個能讓身心免於受到傷害的環境。

大多數父母在孩子表達出自己的意願，發現孩子再也不會改變主意後，就會放棄改變孩子的想法。然而，若是危險性極高、遲遲無法放棄的父母，他們會想方設法繼續控制你，並嘗試以各種方式介入你的人生。

為了應付這種情況，我們必須提前做好萬全的準備，保護好自己和身邊重要的人，不讓任何人因此受到牽連或是傷害。

接下來，我會介紹遲遲無法放棄的父母常見的三種行為模式，以及針對這些行為必須採取的應對措施。

PATTERN 01 父母親自找上門來

即使你已經把自己的真實感受與想法告訴父母，但他們仍不甘願放棄，直接找上門來，試圖強行與你接觸。

如果父母找上門來不至於讓你感到太過害怕，你也能夠好好用自己的話，當面堅定拒絕他們，那麼可以嘗試按照以下步驟表明自己的態度。

父母找上門來時，情緒幾乎都處於亢奮狀態。有些父母可能會敲門並大聲喧嘩，造成街坊鄰居的困擾。

這時候最好離開住處，換個地方和父母交談。要是為了讓他們冷靜而把父母直接帶進房間，那會提高風險。因為這麼做會讓父母覺得「只要我大吵大鬧，就可以成功見到孩子」，使他們的行為更變本加厲。

如果你的父母找上門來，請透過對講機或隔著門，堅定地拒絕並告訴他們你並不打算見面。讓他們知道「硬找上門來也沒有用」。

如果被拒絕後，父母仍不願回家，而且持續騷擾你的話，那麼可以考慮報警，讓警方代替你處理這個問題。

請撥打110，告知警方「門口有可疑人物。我很害怕，請趕快來救我。」，警察聽到這樣的描述後，便會知曉你正處於危險狀況，而且情況十分緊急。

另外，盡早讓警察與父母接觸、與他們溝通，也是非常重要的。

讓警察這種非日常生活中會出現的人物協助處理事情，會讓父母產生恐懼，知道「如果繼續強迫孩子跟自己見面，可能又會再被報警」，讓他們更容易放棄。

我知道有些人不願意跟警察扯上關係，或是不希望父母因此成為罪犯。

然而，若是報案時機太晚，父母的行為可能只會越演越烈，甚至真的做出犯罪舉動。

當父母知道你人在建築物之內，認為只要能跟你進一步地接觸，就可以像以前一樣控制你的話，他們的行為可能就會進一步升級到侵入住居、製造噪音，以及跟蹤尾隨等騷擾行為。

PATTERN 02

父母擅自拜訪職場

如果父母跑去你的住處，卻仍然見不到你時，接下來他們很可能會前往公司。他們會聯絡你的主管，說是因為太過擔心你的安危才會冒昧前來，還會假裝自己是被你傷得很深的可憐父母，試圖博取同情。

接下來，他們便會嘗試要求與你接觸。

如果你的父母很可能會做出這種行為，首先你必須事先向直屬主管說明你與父母的相處狀況，事先報備接下來父母很可能會做出這類令人困擾的行為。

接著，請公司主管表明不會接受父母的任何要求，也不會插手任何與業務無關的私人事務。

讓父母明白「就算跑到職場來也沒有用」。

PATTERN 03

父母直接聯絡你的交往對象和對方父母，對他們進行批判

如果你的交往對象或婚事遭到父母反對，而你正為此疏遠父母，那麼必須小心，他們很可能會出手傷害對你來說最重要的人。

問題父母的邏輯是，「我是這麼棒的父母，我的小孩怎麼可能會選擇離我而去？」，因此他們常常會說自己的孩子是「被交往對象洗腦或者利用」才會離家出走。

因此，為了拯救自己的孩子，他們會攻擊你的交往對象，甚至是對方的父母。

如果你的父母是會做出這種事情的人，請事先跟你的交往對象和交往對象的父母說明你與父母的相處狀況，事先取得他們的諒解。

接著請他們一定要堅定拒絕。

尋求律師協助

如果你已經表達出真實的想法和感受，但父母仍然不改其攻擊性態度的話，你可以委託律師寄發律師函，通知父母你已委任律師來代替你的權益發聲。

律師函通常包含以下內容，除了通知對方受任律師已經成為你的代理人之外，還帶有警示效果。若父母未透過律師，企圖直接與你聯繫，未來律師會針對他們過去對你做過的暴力及侵入住居等行為，採取法律上的行動。

另外，你也可以請律師替你表明態度，讓父母知道你非常傷心，對他們只剩下不信任感，不想再跟他們有任何瓜葛。

如果你已經表達出自己的感受，堅決拒絕與父母聯絡，此時委請律師成為後盾，可以讓父母更快放棄。

在報警或尋求律師協助之前

有時，太害怕父母而無法獨自處理這種狀況的人，會突然急需警察或律師介入，從旁協助處理。

確實有警察跟律師在，會是非常強而有力的盟友，不過一旦使用的時機點錯誤，很可能會使問題更加複雜，因此必須格外小心。

從父母的角度來看，如果你未曾以言語明確表達過自己的真實感受和想法，就突然由第三者介入，且在一片混亂中莫名其妙地被子女疏遠，這勢必會引發父母想要搞清楚「到底發生什麼事了」的反應，自然更不願意輕言放棄。

與放棄對子女抱持期待的父母
保持距離的方法

看清父母說的「我放棄了」背後真正的意圖

當父母終於放下對你的期待，不再執著於你之後，接下來的課題是要決定與他們保持什麼樣的距離感。

距離感的判斷標準，取決於父母對於你所選擇的生活方式的尊重程度。即使父母已經放棄控制你，不再否定你，問題也並非就此解決。儘管他們嘴巴上說著「我放棄了」，但這充其量也只能視為他們正在「壓抑控制你的慾望」，並不代表他們已經悔改，成為更好的父母。

一定也有因為不希望孩子離自己而去，因此假裝自己「有在反省」的父母存在。

然而，如果你在毫無事實根據的狀態下就盲目地相信父母，那麼未來再度受傷的人將會是你自己。

因此，立刻和言行不一致的父母拉近距離，是十分危險的行為。

重要的是，他們是否真的尊重且接受你所有的決定，而且不會妄加否定。

如果你的父母做出以下我所列出的七件事之中的任何一件，那麼縮短距離將會讓你再次陷入危險。

〈注意！不尊重孩子生活方式的父母會有的態度〉

①還在埋怨你所選擇的生活方式（自言自語也算）。

②對過去曾經傷害你的行為找藉口（自言自語也算）。

③聲稱自己是受害者（自言自語也算）。

④裝可憐（只是態度上也算）。

⑤說自己不會再否定你，但為此開出條件（例如「如果你先做到～」、「如果是N年之後的話～」等）。

⑥嘴巴上說自己有在反省，但行為上並未改善。

⑦忽視你，把你當成空氣。

以「自己是否感到幸福」作為判斷的標準

如果父母在態度上已有明顯改善，不再否定也不再強迫你，那麼接下來你需要留意的就是與他們的互動方式。若繼續用與過去相同的方式和他們互動的話，他們可能會對你重燃期待，再度試圖支配或者依賴孩子。

決定互動方式的判斷標準，取決於你是否感到幸福。

不用去想自己「該不該做這件事」，而是應該好好問問自己，**「做這件事的話，我會感到幸福嗎？」**。

例如，即使父母嚷嚷著想見你，但只要你不想見到他們，就不必勉強自己答應。如果見了面後覺得不舒服，你也可以立刻結束行程，先行離開。

勉強自己做出不符合自己真實意願的行動是很危險的。如果勉強配合，父母很可能會因此誤會，又對你產生錯誤的期待。

當你心裡出現「偶爾一次應該沒關係吧！」，或是「既然他們都拜託成這樣了，這次就破例答應吧！」的想法時，請務必小心，這代表你即將選擇一種讓自己不快樂的互動方式。

感到憤怒時立刻拉開距離

看到父母反省的模樣，同時回想起過去所受到的傷害時，心裡難免會升起一股憤怒，有些人在這時候會出現責怪父母的念頭。

相反地，看到完全不思反省的父母，也同樣會感到氣憤難平。

無論是「事到如今才想反省未免也太遲了！」，或者「你們根本就沒有在反省！」的想法，會對此感到憤怒也是無可厚非之事。

然而，即使感到憤怒，把情緒發洩在父母身上，你也不會因此獲得真正的自由。**真正的自由不僅是不再被父母束縛，同時也代表你不會再對父母有所依戀。**

首先，請試著選擇一種能讓你感到幸福快樂的生活方式。

向父母發洩怒氣，把你寶貴的時間與精力浪費在有問題的人身上，是件徒勞無功的事情。

「憤怒」是讓你遠離問題人物的重要訊號。當你感到憤怒，就代表是時候該拉開距離了。

判斷是否「斷絕親子關係」的標準

也許在你腦海中，已經浮現「斷絕關係」這個選項。

在得知父母大有問題，並意識到自己已經傷痕累累後，有些人可能會開始考慮與父母徹底保持距離。

與此同時，確實也有不少人會對於離家之後，自己必須孤獨生活感到恐懼，或對自己遺棄父母感到內疚，因而對斷絕關係一事舉棋不定。

決定是否與父母斷絕關係的判斷標準，取決於你是否對父母懷抱不信任感。

如果你一親近父母就感到焦慮，想到自己不知何時會被他們說成什麼樣子而坐立難安，懷疑他們隨時會再傷害你，就表示你對父母的信任感幾乎已經蕩然無存。

這不是因為你的心胸狹窄，而是**你受的傷太深了，深到已經無法再從父母身上得到安全感跟信任感。**

不信任感，代表雙方之間的關係已經徹底崩壞。

這段關係或許已經惡化到難以維繫正常的互動。

心靈上的連結遠比血緣上的連結更加重要。

與心靈不相通的人往來，等同於選擇了不幸的人生。

不再回到痛苦親子關係的四個「拒絕」原則

保持戒心切勿鬆懈，父母的控制欲隨時可能重燃

即使已經與父母拉開心理及物理上的距離，父母也不再出現攻擊性行為，但還是有幾件事情必須小心。

父母的心理問題存在已久，要在短時間內洗心革面的難度極高。他們需要一段時間才能正視自己對子女造成傷害的事實，況且要能意識到問題並進一步改善，也必須付出相當程度的努力。

如果你在這時表現出模稜兩可的態度，很可能會讓父母再次對你產生期待，好不容易才降低的控制欲又再次點燃。

我們肯定都會希望父母能夠獨立，也不打算放棄好不容易才到手的自由。為達上述目的，你必須持續表現出始終如一的態度。從根本改變過去的思考方式，避免再度陷入痛苦的親子關係之中。

1.戒除拐彎抹角的說話方式與曖昧不明的態度

曖昧不明的態度，指的是拒絕得不乾不脆、說話拐彎抹角，即使聽到令自己不悅的言論卻也不敢拉開距離，對父母表現出不符合內心真實感受的態度。

面對有心理問題的父母，若是不用最直白的言語表達出真實感受，他們是不會放棄的。

若你展現出前面所述的堅定態度，勇敢拒絕四次，理論上應已足矣讓父母學會放棄；但如果你始終以拐彎抹角的方式說話，態度表現得不明不白，那麼即使重複四次，父母也可能無法改變。

或許一直以來父母都習慣以對自己有利的方式思考行動，很少顧慮孩子的心情。面對這樣的父母，如果你仍然採取曖昧不明的言語以及態度，他們對你的偏見只會有增無減。

首先，請用任何人都能明白的話語，直接了當地拒絕。言語跟態度都要非常堅定，不留給父母任何期待。

2.別害怕被否定

當你試圖疏遠父母時，請不要害怕被他們否定。一旦害怕被否定，你可能就會不自覺地看父母臉色行事，言語跟態度也會變得模稜兩可。看到你這種反應，父母就會認為「只要我繼續否定他，就能繼續控制他」。父母之所以否定你，正是因為想掌控或期望繼續依賴你。

換個角度思考就會發現，被否定其實就某種意義上，表示你並沒有受到父母的控制或依賴。

事實上，**當你被父母否定時，其實也就代表你已經成功擺脫控制和依賴，獲得自由的機會正在降臨。**

也就是說，當你被否定時，你應該為自己從此能夠自由生活而感到開心。

當父母見到你即使被否定也不為所動，就會明白他們已經無法再控制你。

3.不要再認為父母缺乏生存的能力

我想再次強調，**個人造業個人擔。**

父母的責任該由父母自己負責。能夠負起屬於自己的責任，父母也會變得獨立且幸福。

當父母遇到困難，請將此視為他們獨立跟成長的機會。

如果父母遇上麻煩，首先必須由他們自己思考該如何解決。透過自我煩惱、思考，下定決心並且採取行動，父母得以一點一滴累積成就感，藉以提升自信心。

如果你在這個過程中插手，就等同於剝奪了父母成長的機會。不僅無法幫助他們增長自信，還可能會讓他們再次產生想要依賴你的心態。如果這種情況持續發生，父母將不會有靠自己的力量去解決問題的想法，無法獨立、有所成長。

父母必須學習思考自己該如何達成目標，或是放棄自己不擅長的事情，轉而採取自己擅長的行動方式，藉此變得獨立。

重要的是，讓父母相信自己是有能力獨立生活的。當父母意識到自己能夠獨當一面，逐漸累積出自信心，就不再需要控制和依賴你了。

4.停止用錯誤的方式幫助父母

若是無論如何都想幫助父母，請留意伸出援手的時機點。

通常只有當父母能夠清楚地表達感謝和道歉，碰到麻煩時會意識到責任在自己身上，不再推卸責任，並且明確地向你開口求助，直接說出「請幫幫我」時，才是你伸出援手的時機。

當父母能做到以上幾點，就代表他們已經具備一定程度的自主能力，即使你出手幫忙，他們對你產生依賴的可能性也不高。

但如果他們既沒有表示感謝，也不覺得抱歉，甚至認為讓你幫忙是理所當然的，這時候就還不適合伸出援手。若是過早提供協助，父母就會認為「只要裝可憐，小孩就會讓我依靠」。

在父母能夠自己負起責任之前，默默守護他們也是身為孩子的重要任務。「不幫忙」並不代表你遺棄或是背叛父母，而是以正確的方式，幫助他們成為獨立健全的人。

注意存在心裡的兩種父母意象

「理想中的父母」並不存在

如果你從未得到過適當的關愛，卻仍渴望從父母身上獲取親情，那麼你或許只是在追逐自己心中對於「理想中的父母」的幻想而已。

所謂適當的愛，是指父母尊重你的意願，不會把他們的想法強加於你，更不會否定你的選擇。他們認同你的努力，給予鼓勵和支持，讓孩子有被療癒的感覺，認為自己得到父母情感上的支持。

你的父母是否每天都有帶給你這樣的感受呢？

如果你從未有過上述感受，那麼雖然這麼說有些殘忍，但事實正是你現實生活中的父母，要轉變為充滿父愛母愛的「理想父母」，可能性幾乎是零。

因為**過去沒發生過的事，往後發生的可能性也不高**。

然而，渴求父母的愛是孩子的本能。因為孩子深知如果沒有父母的愛跟守護，自己不可能存活下來，這是一種生存本能。

如果親子之間沒有界線，這種生存本能反而會對你有害。即使父母一而再再而三地傷害你，你仍然會為了換取父母的愛，不惜犧牲自我、壓抑感受，好讓自己不被拋棄。

例如，遭到父母否定時，有些人可能會認為「父母是因為愛我，所以才會否定我」，或者「我一定要更努力，讓自己不會再被否定」。他們自欺欺人地認為自己能夠得到父母適當的愛，實際上卻並非如此。

他們期待「只要再努力一點，總有一天父母必會理解我的感受」，甚至為此努力不懈。

最重要的是，**不要沈溺在對「理想父母」的幻想之中。**

看著「現實中的父母」，意識到自己的「錯覺」

儘管理智上知道自己必須與父母保持距離，內心卻無法接受這個事實。之所以會有這樣的感受，或許是因為你把現實生活中的父母「理想化」了。

試問，如果把父母換作是其他人，你還願意跟他們來往嗎？

會問這個問題，**主要是為了確認，你喜不喜歡父母這個人。**

如果換作是他人就不想往來，這就代表你其實已經沒辦法再信任父母這個「人」了。

如果覺得「換作是其他人，我早就不會再跟他們來往，但因為他們是我的父母，所以我希望我們可以和睦相處」，那麼，這或許只是在強烈罪惡感的驅使之下，所產生的一種「錯覺」。

我們其實並不喜歡這個「人」，但只因為對方是「父母」，所以誤以為離開他們就是錯的。

心中沒有設定界線的話，就很容易產生這種矛盾心態。

請務必意識到我們對現實生活中的父母所產生的錯覺。

暫時把「親子關係」這層框架擱在一旁，以對等的人際關係來思考，試著捫心自問：「我是否真的喜歡眼前這個人？」。

正視「現實中的父母」

除此之外，當你想要脫離父母卻難以離開時，問題或許是出在你把父母的優點（+）跟缺點（−）混淆在一塊了。

所謂的優點，是指你「誤以為」父母對你付出的愛與關懷，例如他們生你、養你，提供經濟上的支持等。

而缺點則是指父母讓你受傷的言語跟態度，以及那些你本應從父母身上得到，但卻從來不曾擁有過的關愛。

「我知道脫離父母對我比較好，但是我能有今天，都是因為爸爸媽媽辛辛苦苦把我拉拔長大……」

當你因為這樣的想法而離不開父母時，往往是因為內心在父母的優點（其實是你的錯覺）和缺點之間相互拉扯，使你陷入進退兩難的窘境。

如同前述，孩子之所以出生，是因為父母決定要把他們生下來。花錢栽培和照顧孩子也是父母的決定，並非受人所迫。

學會避免把父母的優點（或許來自你的錯覺）跟缺點混為一談，當父母在某方面有著尚未改善的缺點時，就應該與之保持適當的距離，避免走得太近。

【本章重點】

想要改變與父母的關係，最重要的是不要讓父母抱有任何的期望，使他們甘願放棄。

因此你必須堅定地拒絕他們，展現出毅然決然的態度。

當父母不再對你懷有期待，放下對你的執著時，表示他們已經踏上獨立自主的道路。在父母學會承擔自己的責任之前，不要輕易伸出援手，請信任他們並默默守護。

6

積極迎向 屬於自己的人生

當你與父母設定出明確界線，並從父母手中重新奪回人生的主控權後，就能積極迎向屬於自己的人生。

本章將講述身為子女的你，從今以後應該注意並珍惜的事項。

建立健全的親子關係

不用害怕，你可以的！

成功確立與父母之間的適當距離之後，接下來的目標是建立一段新的關係。

你所追求的親子關係，是建立在雙方之間彼此對等，不再受到上下階層的約束之前提。未來無論你決定與父母繼續保持往來，還是選擇從此斷絕關係，概念基本上都是一致的。

過去你所認識的親子關係，應該都是處於父母權力過大的不對等狀態。當面對控制狂父母時，你可能會覺得自己「無法與其抗衡」，因而選擇忍讓順從。

但從另一個角度來看，也可以說是因為你先入為主認定了「自己沒有力量」，所以才會聽話地留在父母身邊。如果你一直認為自己很弱小，父母就會誤以為只要他們展現出強勢的態度，即可支配你，對你進行控制。

但請別擔心，你是有力量的！

請試著回想你至今曾獲得的成就和克服過的困難。

——你曾目睹父母輕視他人，因此發誓不要與父母同流合污，立志成為待人和善者，這正是因為你擁有力量。

——儘管一直生活在隨時會被情緒化的父母遷怒的恐懼之中，但正因為擁有這段經歷，才讓你能夠同理他人的苦痛，而這也是屬於你的力量。

別怕！你能夠在控制狂父母的魔掌中順利成長，就已經表示你擁有強大的力量。從現在開始，請相信自己辦得到，努力爬升至與父母平起平坐的對等位置。

即使與父母意見相左，你也可以誠實表達自己的想法，做自己真心想做的事。

你可以在心裡對正在批判你的父母說：「那是你的想法，不是我的！」。
即使選擇斷絕關係，只要你相信自己是有力量的，恐懼感就會逐漸降低。

無需擔心，父母也是有力量的

如果你一直以來都被父母依賴，你可能會覺得他們軟弱可憐，所以即使是根本不該由你來做的事，你也會勉強自己去幫他們完成。

然而，換個角度來看，這其實也代表了你內心深處認定「父母沒有力量」，而將他們「置於下位」。如果你繼續抱持著這種想法，父母可能會察覺到你的態度，認為只要示弱，你就會繼續讓他們依賴。

請別擔心，父母也是有力量的。

花點時間探索父母能做到的事，以及他們已經達到的成就吧！

——如果你已不再需要聆聽父母抱怨，也不再需要安慰或是提供他們情感上的支持，這就代表父母已經不再依賴你，開始靠自己的力量努力生活。

——如果你已經搬離開家，不再與父母同住，而父母也能好好地繼續過日子，這就代表父母有能力獨自生活，不再需要依賴你。

無需擔心，父母也擁有自己的力量。

讓我們一起相信父母擁有力量，持續支持他們，讓他們發揮自己的力量吧！

另一件重要的事是，你必須將父母「提升」至與你平起平坐的位置。

透過一點一滴的生活經驗和實踐，過去自認軟弱無能的父母會逐漸意識到他們不再需要依賴孩子生活，發現自己擁有力量。

舉例來說，許多案例顯示，曾誤以為父母無能且不斷努力避免家庭破裂的孩子，在離開原生家庭後，原本靠著依賴孩子來填補內心空虛的母親，以及透過控制來消除自卑感的父親，因為被迫誠實面對彼此，從而建立全新的關係。

因此，即使你選擇與父母斷絕關係，只要相信父母擁有力量，心中的罪惡感也

會逐漸減輕。

父母的獨立比孩子更需要時間

父母可能需要花比你更多的時間，才能實現精神上的獨立。

至今為止，我見過許多各式各樣的案例，父母要達到精神上的獨立，所需花費的時間通常長達數年。態度積極的父母最快也得花上一年到一年半。有些父母為了不想再傷害孩子，會持續接受諮商，決心改變自己，而這類型的父母通常需要花上更多的時間。

聽到這裡，你或許會覺得邁向自立之路十分漫長。

不過，別擔心。**雖然需要一些時間，但世界上沒有無法自立的父母**。只要你不再接受父母的支配和依賴，繼續與他們保持適當的距離，父母總有一天能夠靠自己的力量獨自生活。

首先，我們必須相信父母有自立的能力。

接著，你也必須嘗試踏出全新的一步。

當你能夠以自己的感受為最優先，父母也會開始學習如何面對自己的人生。只要你不再自我犧牲，父母早晚必須學會靠自己的力量獲得幸福。

當你順利獨立，而父母同樣也具備自主能力時，雙方就能夠在保持舒適距離的狀態下，重塑真正健康的親子關係。即使你已經決定與父母斷絕關係，只要內心深處相信父母能夠獨立，你就比較不會為自己的抉擇感到後悔。

只要是自己認為正確的選擇，就算被他人否定也無所謂

被手足否定時

如果你的手足否定你離開父母的選擇，家中沒有任何人能夠理解你，可能會讓你感到孤立無援。

但請放心。即使不被認同，也不代表你的選擇就是錯的。

對於還不知道「界線」的概念，也尚未意識到自己正受到父母控制及依賴的手足們來說，他們可能會因為強烈希望你也能接受他們心中所秉持的信念——「必須好好珍惜父母」，而不認同你的選擇。

又或者，你的兄弟姊妹們早就意識到父母有問題，卻長期將照顧父母的責任推給你。當得知你決定離開父母，他們便會感到極度不安，擔心照顧責任就此淪落到自己身上，因此才會以否定的方式，試圖把你拉回到原本的狀態。

無論是哪種情況，問題都是出在你的兄弟姊妹們身上，而不是你。

被親戚否定時

在眾多親戚之中，特別會來否定你的，多半是跟你的父母關係較為親密的近親，像是叔叔、姑姑、舅舅、阿姨或祖父母等。

被一直以來互動親密的親戚否定時，有時心裡難免會產生「難道問題真的是出在我身上嗎？」的疑惑。

但請別擔心，即使親戚不認同，也不代表你有錯。

請你仔細想想看。

他們和你的父母都是在相同的環境下成長，又或者他們就是將你父母拉拔長大的人。

舉例來說，你的阿姨或是阿嬤很可能會用跟媽媽一模一樣的情緒化言語，試圖指責或是否定你。

而你的叔叔、舅舅或阿公，他們也可能是只聽信了你父母的單方面說法，就企圖說服你回到原本的親子關係。

這樣的案例在現實生活中屢見不鮮。

如果你身邊有跟你父母抱持類似想法，或老愛跟你父母一同抱怨取暖的親戚，請你務必小心。因為這些親戚可能和你的父母有著同樣的心理問題。

當他們看到你與父母疏遠的行為，便會像是自己也是受害者般，對你大加撻罰。這其實只是面臨同樣心理問題的人在互相取暖討拍而已。

被朋友否定時

即使你的朋友或熟人否定你，你也不必感到擔心，因為這同樣不是你的問題。

他們之所以否定你，並不是因為你做錯了。

他們之所以不認同你，是因為他們從來都不知道「這個世界上竟然會有這種問題父母」；而且他們也難以體會你被父母傷害、控制和依賴的痛苦。

他們只能根據自己的生命經驗，依照自己所知的親子關係來做出判斷，無法站在你的立場思考。

這樣的人或許從小就在充滿愛的環境中成長，對父母心存感激，並且真心想要回報父母的養育之恩。因此當他們看到你試圖疏遠父母的行為時，很自然地會認為「這麼做很不孝」。

那些否定你的朋友，純粹只是因為看到你選擇了他們所不知道的生活方式，因此感到焦慮罷了。

為了安撫這份焦慮感，所以才會選擇否定你。

被伴侶否定時

你的配偶或是伴侶，可能也會否定你與父母疏遠的決定。

渴望能被伴侶理解，結果卻遭到對方否定，情感上無法得到支持是非常痛苦的。但是請別擔心，這同樣不代表你有做錯。

對你的伴侶而言，他們的否定也其來有自。

例如，如果你的父母是很容易情緒失控而暴怒的人，你的伴侶可能會擔心自己成為下一個被攻擊的對象，內心感到極度恐懼。

因為不希望自己受到波及，所以才否定你的做法。

此外，也有可能是因為你的伴侶本身也受到父母的控制與依賴，出於恐懼和愧疚感，他們無法認同你所採取的行動，因此才會否定你的選擇。

這個世界上，多的是與你站在同一陣線的人！

也許有很多人會否定你與父母疏遠的選擇，但請不用太過擔心。

在這個世界上，有許多人能夠理解你為何做出這樣的選擇。

這些人清楚知道與父母設定界線，或與問題父母保持適當的安全距離有多重要。實際上，有許多人也正在採取同樣的行動。

然而，無論是多麼勇敢的人，都曾遭受過他人的否定。

我希望你能明白，這個世界上確實存在有著心理情節的問題父母；與此同時，也有為了不想再受傷而選擇疏遠父母的人。雖然有許多人不被他人諒解、遭受他人否定，但他們仍然堅持自己的立場，日子過得十分幸福。

所以，即使被否定也無需擔心。

這純粹是活在不同世界的人，無法理解你的苦痛罷了。

最重要的是，你必須清楚感受到界線的存在。

不管任何人跟你說了什麼閒言閒語，只要你自己能夠認同自己，就已足矣。

解放自我，奔向自由

以「寬恕」為目標

當你終於清醒，冷靜下來重新回顧過去的親子關係時，或許會發現自己從小累積的壓力，正逐漸轉變為針對父母的敵意。

即使父母表現出反省的態度，但畢竟對你來說，一切都已經太遲了，心裡不免燃起恨意。

這時候該怎麼做，才能讓你的心裡好過一點呢？

許多人或許會感到內心掙扎，思考著「我該原諒他們嗎？如果無法原諒他們，是不是就代表我的心胸狹窄呢？」。然而，原諒父母真的就能解決問題嗎？

我的答案是**「不原諒也沒關係」**。

即使原諒父母，他們曾對你做過的事情也不會消失；又或者是在好不容易下定決心原諒之後，心理問題尚未完全消失的父母，又再度鬆懈下來傷害了你。

所以，從現在開始，我希望你以**「寬恕」**為目標。

所謂的「寬恕」，指的是「雖然過去的罪行不會消失，但你已經不會再執著於責怪父母」的思維模式。

面對父母，你仍需要保持戒心，也必須持續劃分界線，儘可能不涉入所有父母應該自己面對的問題。即使內心升起憎恨的情緒，也絕不主動靠近父母。

當你不再執著於責怪父母時，你就更能專注地活出自己的人生。相信自己的感受，選擇自己喜歡的事物，擁有不做討厭之事的自由。

把「自己是否感到幸福快樂」作為生活的判斷標準。

依據自己的感受來做決定

選擇自己喜歡的事，拒絕自己討厭的事，有些人可能會對這種完全以自我感受為中心的生活方式感到自責內疚，擔心自己這麼做「是否太自私了？」。

但我認為，擅自逾越底線、入侵他人領域，還把自己的想法加諸在對方身上，否定對方的人，才是真正的自私。而這些正是你的父母過去對你所做出的行為。

無論你選擇如何過你的人生，只要沒有越界傷害他人，並承擔起「靠自己的力量活下去」的責任，就不能說是自私。

所謂的「依據自己的感受來做決定」，並不是單純因為討厭就馬上放棄，而是如果能夠選擇，就必須根據自己的感受，活出讓你感到愉悅的生活，尋獲讓你感到幸福的事物。

感到「自己一無所有」時……

有些人即使心裡想著：「我決定了！從現在開始我都要根據自己的感受，選擇自己喜歡的生活！」，卻因為發現自己根本不知道自己喜歡什麼而感到沮喪。

即便如此也沒關係。每個人一定都會有「喜歡」跟「不喜歡」的感受，只是過去的你，已經習慣把自己的感覺埋藏起來。

當一個人在從事自己喜歡的事情時，會感到開心快樂，並對當下所從事的事情產生「喜歡」的感覺。

換句話說，**如果想要理解「喜歡」是什麼感覺，就必須做能讓自己發自內心感到快樂的事。**

作為練習，先從最簡單的事情開始著手吧！

例如，一個人去自己「想去」的地方，親自探索「想看」的街道或風景，並在那裡品嚐「想吃」的美食。

慢慢來，沒關係，請試著以自己的直覺做出決定，一點一滴喚醒內心那份開心和幸福的感覺吧！

如果嘗試後發現自己「不喜歡」，甚至還覺得「有點討厭」也沒有關係。當你發現自己不喜歡的事物時，就代表你已經知道什麼是你不必選擇的。慢慢地，你將更容易篩選出那些真正符合喜好的事物。

你隨時都能做出改變

有些人即使知道「可以選擇自己喜歡的生活」，卻會因為缺乏自信而認為自己做不到。這種情況下，我會建議從「培養自信」開始。

「自信」涵蓋多種意義，難以一言以蔽之。在此我將自信定義為「相信自己的經驗」。

想要培養這種感覺，最好的方式莫過於「獨自生活」跟「獨自旅行」。

獨自生活與獨自旅行時，你每天都必須自行決定如何安排一整天的行程。如果不由你來主動採取行動，事情就永遠不會有任何進展。

透過不斷反覆地「做決定」、「採取行動」的過程，逐漸摸索出屬於自己的經驗，清楚哪些做法能夠順利前進，哪些做法又會導致失敗。

透過這樣的方式，逐漸累積經驗，下次當你準備嘗試某樣新的事物時，也會回想起「之前的某個做法，或許也適用於現在這個情況」。

隨著不斷的嘗試，你開始有了心得，知道「這個辦法果然行得通！」，或是「另一個做法似乎更有效率？」，而你的自信心也會在這個過程中逐漸增長。

人之所以會沒有自信，通常是因為認

為「自己辦不到」。

而當你對自己有信心時，你會認為「成功和失敗都是人生的經驗值，只要能把這些經歷運用在下次的挑戰中就好」。

自信並非專屬於坐擁榮華富貴者，而是所有願意接受成敗，相信自己經驗的人。

如果你對自己缺乏自信，請試著回顧過去的成功經驗。

當你不再害怕做出決定，並能夠主動採取行動時，請別忘了為你自己喝采！

每天都比昨天更愛自己

把目光投向自己已經辦到的事情之上

即將踏上屬於自己的人生旅程的你，請記得**將目光投注在你「已經辦到」的事情上。**

從小到大都成長在父母親的諸多否定之陰霾下，造成強烈的自卑感，總會忍不住拿自己與他人比較，質疑自己「為什麼連這點小事都辦不到呢？」。

但如果你一直拿自己與他人比較，只會讓自己更加無所適從，難以邁向幸福快樂的人生。

請放下與他人比較的心態，改拿過去的自己與現在的自己相比，並專注在自己已經辦到的事情之上。

問問自己，有什麼是過去無法達成，現在卻已經能夠順利做到的呢？現在的你，是否曾對過去所做的某件事情感到後悔呢？

以前的你總對父母言聽計從，但現在的你只要感覺不對勁，就會知道應該趕緊停下腳步。如果你已經可以根據自己的想法做決定，那麼，這就是你已經辦到的事。如果你對過去的所作所為感到後悔，那就代表未來的你再也不想重蹈覆徹。而這也是現在的你才能辦到的事。

讀完這本書之後，如果你對親子關係的看法有所轉變，那麼這當然也是你已經辦到的事。恭喜你！

為了好好感受每天腳踏實地前進的成就感，我們必須學會發現日常生活中每一件自己已經辦到的小事。

專注於自己的感受

另外還有一件事情務必留意，那就是當你拿自己跟他人相比較時，內心不自覺所產生的「嫉妒」與「羨慕」心態。

當你下定決心憑藉自己的「喜好」生活，卻尚未建立足夠的信心時，反而會覺得那些已經能夠自由地按照個人喜好生活的人「既任性又自私」，而這就是所謂的「嫉妒」。

即便已經無法從自己的父母身上感受到信任，也做好了遠離他們的準備，然而，每當在路上看見感情融洽的親子時，內心仍會浮現「好希望我跟父母的感情也能那麼好」的想法，而這就稱作「羨慕」。

這些情緒都代表你沒有正視自己的感受，所以才會否定自己真心想做的事。

只要知道「自己想怎麼做」，誠實面對自己，並採取符合內心真實意願的行動。

光是把目光集中在別人身上，是無法得到屬於自己的答案的。你的答案應該早已了然於心。

從現在開始，請避免嫉妒與羨慕的情緒，專注於自己的感受。

與精神獨立的人共同生活

當你清楚知道自己真正嚮往的生活方式後，接下來就必須好好思考該和什麼樣的人一起生活。

請務必選擇與「精神獨立的人」作伴。

精神獨立的人具備責任感，即使事情發展不如預期，也不會推卸責任、怪罪他人。他們尊重每個人都有自己的價值觀，能夠允許不同的意見存在。因此，他們不會去否定別人，或把自己的意見強加在其他人身上。

與精神獨立的人一起生活，也會促使你的心靈逐漸邁向獨立。只要對方能夠認同你的感受與想法，你的自信心便也會隨之增長。

如此一來，你與父母之間所設立的界線將會更為穩固。久而久之，你也逐漸能夠清楚分辨「獨立自主的人」與「有心理問題的人」之間的差異。

為了讓往後的人生不再受到父母的控制或是依賴，你必須選擇與精神獨立的人一起生活。同時也請你學習獨立，不再犧牲自我，活出屬於自己的人生。

與心靈相通的人成為「真正的家人」

從現在開始，我希望你能把對「家人」的定義，從「血緣相通」轉換為「心靈相通」。

無論是選擇與父母減少往來、離開老家，還是下定決心斷絕親子關係的人，大多數都有一個共同，而且是在脫離父母之後才開始出現的煩惱。

那就是「失落感」。

無論自己的父母有多麼地糟糕，但他們永遠都是自己的人生中無可取代的角色。而且過去或許也曾有過不少快樂的回憶。

在剪斷了與父母糾纏不清的關係後，有時會突然覺得自己好像跟所有人失去了連結，強烈的孤獨感排山倒海而來。

然而，如果你因為內心感到空虛，再度與父母有所牽扯，那麼之前所付出的努力就全都白費了。

為了不讓前功盡棄，我們必須知道人與人之間即使沒有血緣關係，也能夠成為真正的家人。

真正的家人會尊重彼此價值觀的差異，是一種心靈相通的人際關係。

有些人雖然留著相同血脈，但彼此心靈卻沒有連結，無法成為真正的家人。**並不是「因為是家人，所以能夠互相理解」，而是「因為互相理解，所以才能成為家人」。**

如果你因為與父母疏遠而感到失落、痛苦，請務必回想起這段話。

你可以選擇與沒有血緣的人成為真正的家人。

只要他們能夠尊重你，讓你自己決定自己的生活方式，就能夠成為與你心靈相通的真正的家人。

【本章重點】

請重視自己的情緒跟與感受，好好地生活。

所謂的家人，其實並不受到血緣關係的限制。

真正重要的是，你必須與能夠互相認同，尊重彼此差異的人，建立心靈上的連結。

結語

不知道你是否察覺到了呢？

如果讀完這本書，你發現書中所描述的情節有許多與自己的情況相似，這就表示你的父母把你傷得很深。

你一定很痛苦吧？

這些年來真是辛苦你了。

如果想哭，就請好好地大哭一場。

如果感到憤怒，也請好好地發洩你的怒氣。

誠實地表達自己的情緒，是再正常不過的事情。

不過你也從書中學到，把這些情緒發洩在父母身上，並不會有任何結果。

沒錯，如果你有想要攻擊父母的念頭，就代表你的心中已經充滿憤怒，是時候該離開他們了。

從今以後，對你來說最重要的事情，就是請你務必以自己的「喜好」作為人生的判斷標準。

請你和能與你一同歡笑，讓你感到窩心，讓你發自內心感到「喜歡」的人一起生活。

相反的，若你與對方相處時感到心灰意冷，這意味著你的內心正發送出「厭惡」的訊號，此時選擇敬而遠之，才是人之常情。

即使對方是你的父母，選擇疏遠他們也是很正常的。

如果疏遠父母會讓你感到內疚，請務必再度翻開這本書。一個被心理健全且獨立自主的父母養大的孩子，是不會對活出自己的人生懷抱任何罪惡感的。

你之所以會感到罪惡，很可能是源自於過去父母對你所造成的傷害。

面對這樣的情況，請你先認知到自己的心靈仍受到父母的禁錮，你必須學習如何正確思考，從而付諸行動，才能脫離他們的魔爪。即使每天只進步一點點也沒有關係，請將這些改變慢慢內化到你的身心靈之中。

本書已經把所有的方法都傳授給你了。

如果覺得「自己一個人很難做到」，或者「害怕自己無法將內心真實的感受傳達給父母」、「擔心自己沒有勇氣堅定拒絕」，我很樂意全程支持你，幫助你找到解決的方法。

重要的是，你必須下定決心「活出自己的人生」。

為了幫助你活出屬於自己的人生，我已經把所有必要的知識，包括如何解決問題、面對父母時該如何應對，以及未來應以什麼樣的心態生活，全部傳授給你了。

如果還有任何需求，歡迎到我的官方網站《おとなの親子関係相談所（成人親子關係諮商所）》尋求協助。

官網上有許多談論親子關係的專欄文章，或許可以從中找到你所需要的資訊。

當你順利擺脫父母，展開全新生活，你將擁有許多全新的發現。

去自己想去的地方，原來是那麼地快樂。

做自己想做的事情，原來是那麼地喜悅。

不必做不想做的事情，原來是那麼地自由。

一切都由自己決定。

這樣才是我們活著的證明。

請不要再讓任何人控制你的人生。

不要再讓任何人依賴你。

你的人生，是屬於你自己的。

你可以討厭父母！

6堂修復自我練習課，遠離以愛為名的情緒勒索，從此只為自己和互相珍視的人而活

作者川島崇照
譯者呂盈璇
主編林昱霖
責任編輯唐甜
封面設計羅婕云
內頁美術設計董嘉惠

執行長何飛鵬
PCH集團生活旅遊事業總經理暨社長李淑霞
總編輯汪雨菁
行銷企畫經理呂妙君
行銷企畫主任許立心

出版公司
墨刻出版股份有限公司
地址：115台北市南港區昆陽街16號7樓
電話：886-2-2500-7008／傳真：886-2-2500-7796／E-mail：mook_service@hmg.com.tw
發行公司
英屬蓋曼群島商家庭傳媒股份有限公司城邦分公司
城邦讀書花園：www.cite.com.tw
劃撥：19863813／戶名：書虫股份有限公司
香港發行城邦（香港）出版集團有限公司
地址：香港九龍土瓜灣土瓜灣道86號順聯工業大廈6樓A室
電話：852-2508-6231／傳真：852-2578-9337／E-mail：hkcite@biznetvigator.com
城邦（馬新）出版集團 Cite (M) Sdn Bhd
地址：41, Jalan Radin Anum, Bandar Baru Sri Petaling, 57000 Kuala Lumpur, Malaysia.
電話：(603)90563833／傳真：(603)90576622／E-mail：services@cite.my
製版・印刷漾格科技股份有限公司
ISBN978-626-398-047-1・978-626-398-045-7（EPUB）
城邦書號KJ2107 **初版**2024年8月
定價420元
MOOK官網www.mook.com.tw
Facebook粉絲團
MOOK墨刻出版 www.facebook.com/travelmook

國家圖書館出版品預行編目資料

你可以討厭父母!：6堂修復自我練習課,遠離以愛為名的情緒勒索,從此只為自己和互相珍視的人而活/川島崇照作；呂盈璇譯. -- 初版. -- 臺北市：墨刻出版股份有限公司出版：英屬蓋曼群島商家庭傳媒股份有限公司城邦分公司發行, 2024.08
272面；14.8×21公分. -- (SASUGAS；KJ2107)
譯自：嫌いな親との離れ方
ISBN 978-626-398-047-1(平裝)
1.CST: 親子關係 2.CST: 父母 3.CST: 情感轉化
544.14　　113009019